さらばヘーゲル

井上和雄

日本経済評論社

はじめに

僕がヘーゲルを扱いたいと思った直接的な動機は、マルクスを考えるための準備作業としてヘーゲルを研究することだった。しかし半ば予想していたとはいえ、ヘーゲルに親しむにしたがって、ヘーゲル自身がとてつもなく魅力的な人物になってくるとともに、どうしても納得できない面がどんどん出てきた。ヘーゲルの著作を全部読んだわけではないが、ともかく『精神現象学』を読み返している内に、その凄さに思わず唸ることがあるとともに、これはどう見てもインチキではないかとも思うところも数々出てきたのである。そのもどかしい思いを続ける内に、僕としては次第にこれは何とか決着をつけなければならないと思うようになった。何といってもヘーゲルは一九世紀から現代に至る哲学および社会科学の一大源泉である。そうであるかぎりヘーゲルに立ち向かうことは、僕自身にとって、ヨーロッパ人の思考や社会観、自然観の原点の一つと対決するという意味ももっている。経済思想を中心に研究してきた僕としては今度こそ、何らかの決着をつけたいと思ったのだ。ともかくはじめはヘーゲルにできるだけ沿いながら、その素晴らしさに思いをよせていたが、そのうちこれはどう見てもおかしいと思うようになったということだ。この本はそのような僕の思考の軌跡が論文として出てきたものを基礎にしている。そして最後は僕自身の立場から、ヘーゲルを批判することになった。

僕のヘーゲル批判が多くの欠陥を持っているかもしれないことについては、いっぱい不安を抱えている。彼のものを全部読んだわけではないし、そもそもヘーゲルぐらい懐のひろい思想家もいないといってよい。ある面を批判しても、かならずどこかで、それに対する答えを用意していると思えるほどだ。しかしながらそのことを恐れていては、いつまでたっても自分自身に決着がつけられない。だから僕としては思い切って自分の角度からヘーゲルを自由に論じ、自由に対決しようと思った。気の遠くなるほど多数の文献にも煩わされずに書いてみたいと思った。文献に煩わされずに自由に書くというのは、要するに怠け者の言い訳にすぎないのだが、一つだけ本気で言い訳をさせてもらえば、気になる文献を全部読んでいれば、いつへーゲルを論じることができるか予想もできないし、もっと率直にいえば、他人がどう考えているかというよりも、自分がどう考えるかを追っていく方がはるかに面白いからである。僕は、自分がヘーゲルの思想にどう反応し、どう答えるか、そのことに一番大きな関心をいだいている。そしてそれが一種の知的財産になる事を願っているのだ。

それにしては僕の扱ったヘーゲルは『精神現象学』の最初の「自己意識」までのところである。ヘーゲルの体系から言えば、ほんの僅かの部分である。しかしながら彼の議論はどこをとってもそれぞれが繋がっていて、その一部を解きほぐしていくと、かならず彼の重要な一点にたどり着くというところがある。僕の扱う『精神現象学』の「自己意識」までのところでも、彼のエッセンスを読み取ることは十分できると言いたいほどのものが含まれていた。少なくとも僕にとっての最大の関心事は、この世、この世界を理性で把握しつくせるのかという、ある意味で哲学の根本問題に関わるものだった。その点から見ると、「自己意識」までのヘーゲルの議論だけで、対決するに十分な内容が含まれている。そこで僕としては思い切ってここで、ヘーゲル研究に一区切りつけてみることにしたのがこの著作である。

最後の章は今回書き下ろしたものであるが、第5章までは神戸商船大学紀要第一類・文科論集に発表した下記の論文をもとにかなり大幅に書き直したものである。初出をあげておくと、第1章は「意味を問うヘーゲル――ヘーゲル序論――」（一九九三年）、第2章は「ヘーゲルの難解さ――思弁哲学と経験科学の関係――」（一九九六年）、第3章は「ヘーゲルの感覚と感情の働きについて(1)」（一九九七年）、第4章は「ヘーゲルの感覚と感情の働きについて(2)」（一九九八年）、第5章は「ヘーゲルの『意識』の三段階と観念論の成立」（一九九九年）である。

目次

はじめに　i

第1章　意味を問うヘーゲル……………………1

1　概念の森から　1
2　精神の豊かさを求めて　4
3　ヘーゲルのバランス感覚　8
4　意味を問う　10
5　哲学の誕生　13
6　現実を受け容れる　14
7　透明な学問　18
8　モーツァルトとは僕のこと　21
9　森羅万象を問う　24

第2章　ヘーゲルの難解さ――思弁哲学の問題……27
1　読み解く歓び　27
2　誰もが修得しうる哲学　31
3　ヘーゲルの気づかなかったこと　32
4　ヘーゲルの曼陀羅　35
5　意味の世界　37
6　イエスの意味　41
7　歴史的対象としてのイエス　44
8　評価と理解　47
9　価値の解釈と人生観　50
10　「知るに値する」局面の選択　53
11　ヘーゲルの「経験的」認識　54
12　経験的認識から思弁哲学へ　57
13　歴史哲学の成立　60
14　ヘーゲルとウェーバー　62
15　ヘーゲルの難解さ　65

第3章　感覚の働きについて……69

1　「知ること」の意味をたずねて　69
2　精神とは　71
3　「意識」とは　73
4　感覚は知か　75
5　流れゆく感覚　77
6　最も貧しい知　79
7　ヘーゲルの「知」　82
8　感覚と知　83
9　犬は知っている　85
10　イソギンチャクは閉じる　89
11　クラゲの過去　92
12　ミミズの欲望　94
13　魚の怒り　96
14　猫と膝　99
15　タオとヘーゲル　101

16　『エンチクロペディ』での感覚と観念化　104
17　動物による観念化　105
18　観念化とは何か　107
19　内的感覚　109
20　欲望は心　112
21　それは精神の魔術　115
22　「私は王様だ」　119
23　「感じる」こと　123
24　ヘーゲルと感覚　126
第4章　感情の働きについて……131
1　理性こそ主体　131
2　意志はどこから来るのか　133
3　欲望は姿を消す　136
4　感情は理性のさきがけ　138
5　二種類の感情　142
6　欲求は愛　146

7 欲求は自由の表れ 148
8 生きる歓び 152
9 私の喜び 154
10 どうにもならない悲しさ 158
11 悲しみとは己を愛おしむこと 160
12 折り合いをつける「感情」 162
13 ほんとうに僕を支えるもの 165
14 愛は感じてこそ 167
15 直観は「感覚する知性」 169
16 ヘーゲルの矛盾 174
17 感情こそ生きる支え 177
18 理性は人を癒す 179
19 理性も感情も 182

第5章 悟性と観念論……185

1 「意識」の運動と透明な自我 185
2 不透明な感覚的確信 186

3　知覚の透明度　188
4　目に見えない力　193
5　物を生む力　196
6　力は本質なり　198
7　力を「感じる」　201
8　法則はすべてを生む力　205
9　科学の法則から究極の法則へ　208
10　哲学の世界は現れたか　210
11　最後のつめ　213
12　観念論の壁　216
13　ヘーゲルのリアリティ　218
第6章　自己意識について……221
1　自我は光なり　221
2　自我は思惟である　225
3　心が生まれるとき　227
4　自然心を焼き尽くす稲妻　229

5　「われ欲す、ゆえにわれあり」　232
6　食べることの意味　234
7　欲望する自己意識の矛盾　237
8　猿でも知っている　239
9　自己意識に欠けているもの　242
10　支離滅裂なヘーゲル　245
11　「おれが主人だ」　249
12　真実はわれにあり　252
13　闘うはわれにあり　255
14　共感とともに生まれる自我　259
15　触ることは触られること　261
16　「いざ、勝負！」　263
17　ヘーゲルの二元論　265
18　むすび　269

あとがき　271

第1章　意味を問うヘーゲル

1　概念の森から

まず最初にヘーゲルの一番根幹にあったと思われる彼の問題意識をたぐり寄せることから始めよう。いうなればヘーゲルがこの世を哲学によって、言いかえるとこの世を理性によって理解することこそが真理に到達する道だと考えるに至ったその根本の動機から見てゆきたい。

とはいえ何よりもまずヘーゲルが魅力的に思えるようになるまでに、かなりの時間を要した。おそらく誰もが感じるように、まずは彼の中にある驚くほどの新しさと古さに困惑させられたのである。それは今も続いているといってよい。しかも言葉の生い茂る概念の森の中に分け入ると、知らぬ間に自分がどこにいるかも定かでなくなる思いを何度もさせられた。一番困ったのは、そのとき自分がものを考えているのか、あるいはヘーゲルによって考えさせられているのか、場合によってはいずれでもなくて、ただ単に概念の森を浮遊しているにすぎないのか、そういった区別さえ定かでない時間を過ごす時も生じてきたことである。

こんな経験は学生時代、勝手にカントを読み始めたとき以来のことである。これは考えるということではない。何かしら、いらいらさせられるような経験である。しかし考えてみれば、ヘーゲルに関するいくつかの論文は、いま言ったような区別も定かでないまま書かれたものもあって、これは多くの人が陥る落とし穴でもあるように思えた。

とはいえそのような経験をしながらも、僕は次第にあの文章の難解さに「つき合う」ことそれ自身が意味をもつことなのだと思うようになった。あの文章から滲み出てくる体臭を嗅ぐ必要があるのだ。思想にもいわば体臭のようなものがあって、それを嗅ぎとり、馴染むようにならなければ、思想の生きた姿は捉えられない。ただその体臭は日本人としてはなかなか馴染みにくいものだった。その体臭は、あちこち地方産のソーセージと黒パンを囓りながら、そこに地酒のビールやワインをしこたま飲みながら書いた人のもののように思えた。お茶漬けと漬け物を食っている人のものではない。ソーセージでも、何メートルも連なっているのを切りもしないで囓ったのではないかとさえ思えた。

あるいはもう少し洗練された例をあげるなら、それはワーグナーの楽劇を僕に連想させたのである。もう何十年前か忘れたが、孫のウィーラント・ワーグナー演出による「トリスタンとイゾルデ」を見たことがある。薄暗いステージに現れた二、三人の歌手はほとんど動きもしないまま、まるでお経のような音楽を延々と歌い続けていた。あれとそっくりなのだ。じっと聴いているとそこに何かしら陶然たる世界がある。その陶然たる濃密な世界は、確かに誰も否定しえないリアリティをもっている。それは間違いなく、そこにあるのだ。しかしまたそれは僕にとって、一〇倍ぐらい薄めないと胃袋がもたないテイルシチューのように思われた。そこでは軟骨のゼラチン質が、ドロドロのままなのだ。しかしながらワーグナーを理解するには、このドロドロとした濃密な音に馴染むほかはない。それと同じように、ヘーゲルの言葉に、その臭いに親しむほかはない。

実際アドルノも次のような言葉を残している。「われわれがヘーゲルをよむ場合、自分も一緒に精神的運動のカーブを描き、いわば思弁の耳で彼の思想が楽譜であるかのように聴きながら、一緒にそれを演奏するという風に読まなければならない(1)」と。これを読むと、ドイツ系の人たちにとってさえ、ヘーゲルが独特の体質をもった人物であったことが想像される。

とはいえ『精神現象学』の途中あたりで「親しむ」ことに腹を決めた僕は、二度目にこれを読み始めたとき、自分の中に大きな変化が生じていることに驚かされた。それまで漠然とした概念の森のように映っていた文章の一つひとつが、これは杉、これは松という風に一本一本はっきりと見え始めたのである。それは大きな喜びであった。その時から、それはくすんだ色合いであるとはいえ、自然林に覆われた山容をあらわにし始めたともいえる。ヘーゲルがまことに魅力的になってきたからである。

「いまさらヘーゲルでもあるまいに」という友人の声が聞こえてくる。そうかもしれない。僕にしても、ヘーゲルに対する疑問や納得できないことが山ほどある。あの時代、あのプロイセンだからこそ言えたにすぎない思想がある。もっと言えば、哲学の中で相当のインチキをやっているとさえ僕は思っている。しかしながらヘーゲルの中にはまた、納得できないものと同じくらい、そうとしか思えない説得力のある文章に出くわすのである。あるいは人間精神のあり方、人間存在のあり方について、見事に勘所を抑えている。その凄さが僕を引き込むのである。そこでまずは、『精神現象学』を手懸かりに彼の体系を紐解いてゆきたいと思う。そうすることによってヘーゲルを僕等の知的財産にしたいと思う。

（1） T. W. Adorno: Drei Studien zu Hegel, hrg. von G. Adorno und R. Tiedeman, Suhrkamp 1974, S.112（渡辺裕邦訳『三つのヘーゲル研究』河出書房新社、一八〇頁）。

2　精神の豊かさを求めて

いったい、あの壮大な魅力あふれるヘーゲルのどこから話し始めたらいいのだろうか。もちろん僕はこれから『精神現象学』の思考を順にたどりたいと思っているが、例えばその「序文」や「緒論」だけでも、すでに彼の体系の基本的な考え方がいろんな文章の形をとって組み込まれている。その一つの文章だけでも取り出して論評を加えるとすれば、たちどころに僕等は蜘蛛の巣に絡めとられてしまう。糸の一本一本が絡む行く末を確認しようとするだけで、僕等はいうなれば訓古注釈の罠に取り込まれかねない。それだけは避けたいと僕は思っている。

とするなら糸の結び目にあたるような文章命題は、いずれしかるべきところで取り上げるとして、まずはヘーゲル自身が一本一本、糸を紡ぎ出し、網を張りめぐらしていった彼の心持ちを表す文章から入ってゆきたい。それは、ヘーゲルが彼自身の体系を生み出すに至った心の動きを感じとることであり、いうなれば、まずは彼の体臭を嗅いでみるということでもある。

「精神は貧しくなりすぎている(1)」。何より取り上げたいのはこの言葉である。「序文」を読み始めてこの言葉が目に飛び込んだとき、僕は一種の強い衝撃をうけた。それは「やはりそうだったのか」と深く何かを納得させられる想いであり、いいかえるとヘーゲルのこのような言葉を発した背後には、信ずるに足る豊かな精神の営みがあったに違いないという確信である。僕の受けた衝撃はもちろん、この文章から論理的に帰結されるものではない。それは、いうなればこの文章のまわりから発散する臭いに僕の嗅覚が反応した衝撃である。そしてこの言葉とともに僕の中では、ヘーゲルが当時おかれていたはずの精神状況、それ以降の世界が経験してきた精神の営み、あるいは現代の日本のそれといったものが、たちどころに雲のように現れる。そして何より、それではヘーゲル自身が豊かだと考えた彼自身の精神はどのようなものだったのかという想いに駆られる。これから行うことも、結局はそれを訪ねることになるのである。

「精神は貧しくなりすぎている」。ともかくこの言葉は僕の中で衝撃波のように広がった。

しかしながら、このような命題を解釈するとき、往々にして手前勝手な解釈によって自己満足に陥ることも多いことを思えば、ここでもヘーゲルがこの言葉を発した前後の文脈を確かめておく必要がある。

その点からいうと、この言葉は何よりもまず当時の啓蒙主義への批判として述べられた言葉である。もちろん彼は啓蒙主義に対して彼らしく一定の評価を与えている。それまでの形而上学的神学が天上の世界、つまりは彼岸にのみ注意を向けていたのに対して、啓蒙主義が「経験」という現実世界に人々を引き戻したことをヘーゲルは評価する。にもかかわらずヘーゲルから見れば、啓蒙主義は今度は「経験」に這いつくばってしまって、「精神は貧しくなりすぎた」というのである。

しかしヘーゲルが精神の貧しさを非難するのはそれだけではない。返す刀で今度はロマン派を批判する。この方がはるかに厳しいのである。「経験」の荒地に放り出された人々は、今度はまるで「砂漠を行くさすらい人が、ただの一滴の水を求めるように」神を求め、直接的信仰に急いでいる。「精神がこのわずかばかりのものに満足しているのを見ると、精神の失ったものがどんなに大きなものであるかが推し測られる(2)」と彼はいう。彼のロマン派批判は、啓蒙主義批判と比べものにならないほど辛辣を極めている。シラーやシェリング、ヘルダーリンの謳い上げた「美しきもの、神聖なるもの、永遠なるもの、愛」といったものは、ヘーゲルから見れば一種の自己陶酔のようなものにすぎない。それは「概念把握という営みではなくて忘我」にすぎないのであり、「そういう人たちは、自己意識を包み隠し、悟性を捨てることによって、自らを、眠っているうちに神から知恵を授けられた神の愛でし子であると思い込んでいる」にすぎない。「空しい拡がりがあるように、空しい深さもある(3)」とさえ言う。

もちろんこれらの言葉をそのまま、真に受けてはならない。実はヘーゲル自身が青年時代、親友でもあった彼等の発するこれらの言葉に情熱を捧げた張本人でもあったからである。その辺の事情はホフマイスターが『精神の帰郷』の中で見事に描いている。(4) 彼等はゲーテの精神的息子たちであり、「自然」の中に「美」を見た。「永遠なるもの」、「美しきもの」こそ生を支えるものにほかならなかった。

とはいえ『精神現象学』を著した三六歳のヘーゲルがそのような立場からすでに脱却していたことも間違いない。例えば一七九五年から一八〇〇年にかけて、つまりヘーゲル二五歳から三〇歳にかけての五年間、ヘーゲルとシェリングの文通が途絶えているが、このことは、ヘーゲルがシェリングから離れて独自のものを構築しようとした苦しみを示唆しているように思えるのだ。とりわけ文通の途絶える直前、シェリング初期の代表的論文(5)に対して感謝にあふれた手紙を書き送り、現にそれがヘーゲルの思想に大きな影響をおよぼしたことを想うとき、ヘーゲルの五年間の文通の途絶は不自然である。彼があえてシェリングから身を引き離したとしか考えられないのである。

そのことを考えていくと、シェリングの二つの論文を受けとった当初からヘーゲルが何かそこに危険なものを嗅ぎ取っていたのではないかと思えてくる。彼がそれらの論文から新しい道を得たとしても、そのまま突っ走ればその先に危険なものが控えている、そういうものを感じたからこそ、彼はあえて身を引いたように思えるのである。そしてまたシェリングとの交流の濃密さゆえに、これを批判するときは、ヘーゲルの文体に似合わぬほど激しい言葉になったように思えてならない。

（1） W. F. Hegel: Die Phänomenologie des Geistes., Suhrkamp. S. 17（樫山欽四郎訳『精神現象学』河出書房新社、一九頁。長谷川浩訳『精神現象学』作品社、六頁。以下の訳文はいずれも両訳を参考にして、自由に訳している）。
（2） 同右。
（3） 同右。
（4） J. Hoffmeister: Die Heimkehr Des Gistes（久保田勉訳『精神の帰郷』ミネルヴァ書房、一九頁以下）。
（5） シェリング『哲学一般の形式の可能性について』および『哲学の原理としての自我について』。

3　ヘーゲルのバランス感覚

同様のことは多かれ少なかれヘルダーリンとの友交にもあてはまるように思われる。もともと徒手空拳の痛ましい詩人ヘルダーリンをヘーゲルがどこまで理解しえたか、僕は疑問に思っている。しかしながらシェリングが五歳年下の哲学上の先輩であったのに対して、同じ年のヘルダーリンは、ヘーゲルにとってシェリング以上に親しい友だったのではあるまいか。例えば、ヘルダーリンは詩人として「自然」の息吹を、「美しきもの」の息吹を友人のヘーゲルに吹き込んだのであるが、また逆にヘルダーリンの方は、ゴッタルト夫人との愛の破綻に始まる辛い人生の中で、自分の苦悩を和らげてくれるものとして、ヘーゲルの哲学的洞察を頼りにしたのである。しかもヘーゲルにとってはヘルダーリンの存在は、単に詩人のそれだけでなく、哲学的にも重要だった。ヘルダーリンの存在そのもの、そしてその詩が、カントの二元論を克服した主客合一を、身をもって示していたからである。

しかしながらヘーゲルは、シェリングやヘルダーリンが身をもって示した「美しきもの」、「聖なるもの」への合一に全身をゆだねてしまうこともできなかった。そしてこのことは、ヘーゲルがある種の感受性を欠いていたことを示しているとも思える。実際ヘーゲルが目まいのするような幸せな感情の中でたゆたっている、という風な状況は想像しにくい。そういう一種ナルチスト的な陶酔こそが芸術家の創作活動にとって不可欠のものであるとするなら、ヘーゲルは芸術家的気質を欠いていたといっていいのである。そしてこの資質の違いは最終的には全く異なった人生観、世界観に分裂せざるをえないものをはらんでいたと思う。確かに彼等が一時期、同一の思想を共有できたということは、彼等の立場の相違が問題把握の角度の相違にすぎなかった面のあることを教えている。しかし彼等の相違はそれだけでは収まらないものをはらんでいたと見るべきである。

例えばヘーゲルとヘルダーリンは、哲学と芸術というそれぞれの立場から同じ問題に接近していったという側面があり、事実そういう歴史的事実があるとしても、その資質の違いに応じて近づいていった世界は全く異なった相貌を呈してきたのである。ヘルダーリンにとっては世界はどうにもならない辛い運命として現れてくるのであり、彼が自分のためにできることといえば、詩人として、そこから辛うじて漏れてくる甘い蜜を吸うことでしかなかった。一滴の蜜を得ることに望みをかけて運命を甘受することを決意したのが彼だった。そのような世界はヘーゲルの世界とどれほど隔たっていることだろう。

要するにヘーゲルはヘルダーリンをその根本において捉え切れなかったように思えるのだが、それは彼等の資質の相違に由来しているとともに、その相違が、世界を捉える立場としては、彼等に決定的な分岐点をもたらしたように思う。やがてキェルケゴールによって決定的に批判される問題点を、このときヘーゲルはヘルダーリンとともに捨て去ったのではあるまいか。

とはいえこのことをもってヘーゲルが感受性に乏しかったと即断してはならない。そのことは、ヘーゲルがほかでもないこれらの友人の生き方を自分の問題として捉え、そこに新たな問題を感じ取り自らそれを解決していった事実からも分かる。おそらく彼独自の感受性ゆえに、「美しきもの」、「神的なもの」への審美的合一に危険なものを感じたと言ってもいいのである。それは先ほど見た彼の言葉を使えば、「忘我」の危険性である。どれほどそういう時の幸せが素晴らしいものであろうと、そのこと自身への洞察を欠いた忘我はまことに危ういものでしかない。ヘーゲルから見ればヘルダーリンはまさにその危険に翻弄され続けた人である。そしてここには、ゲーテがロマン派を批判したのと同種の平衡感覚が働いていたと見て差し支えないのだ。

4　意味を問う

しかしながらヘーゲルがロマン派の神的合一を「空しい深さ」と呼び、その「精神の貧しさ」を痛烈に批判したのは、単なる平衡感覚によるだけではない。それはあえて言えばヘーゲルの中にあった激しい、根源的な問いかけがあって生まれてきた言葉だと思う。それはあの壮大な体系を生むに至る根源的な問いかけである。その問いかけの激しさが「精神は貧しくなりすぎている」という言葉を吐かせたのである。

もちろん彼はヘルダーリンの「美しきもの」への「合一」を頭から拒否したのではない。むしろヘルダーリンに感激した彼は、エレウシス賛歌の長編の詩をヘルダーリンに書き送ったりしている。(1) 彼もまた合一を求め、そしてある程度それは実現していたに違いないのだ。詩文の才能を持たなかったとしても、それを書く気になった彼は、その気持ちにおいて合一の歓びを共にしていたと考えて差し支えないからである。にもかかわらず彼がこの合一を激しく批判するに至ったとすれば、彼の問いかけがあまりに大きく、それゆえに合一の中に安らぐことができなかったと見るべきなのである。彼の問いかけの中に芽生えた疑問、問いかけは、執拗に彼を捉えて放さなかった。この問いかけの執拗さこそが彼の資質と見ていいのであり、この執拗さによって彼は驚くべき洞察を獲得してゆくことになる。

では、この執拗さに守られた彼の問いかけとはいったい何だったのであろうか。彼が自ら豊かな精神と感ずるに至ったものを生み出したその問いかけは、どのようなものであったのであろうか。それは一言で言ってしまえば、「意味を問う」ということだったように思える。もう少し具体的にいうなら、彼が直面し経験するこの世のすべての事象に対して、「これはいったいどういうことなのか」とヘーゲルは問いかけたのであり、それに対して「納得できる意味づけ」が得られないかぎり、彼は安心することができなかった。

ところでこの問いかけは、とてつもない問いかけであったはずだ。疑問の対象になる事象すべてにそういう問いを発するなら、いずれ僕等はすべてのものが意味をもって関連しあう所へ行きつかないかぎり、安心できないことになってしまうからである。自分にとっての宗教の意味を問うなら、そしてその問いに誠実であるなら、たちどころに芸術とは何か、学問とは何かという問いをも不問に付するわけにはゆかない。とりわけピューリタン的神を信ずる者にとって、それは切実な問いであったはずだ。しかし何もピューリタンだけではなくて、僕等自身、知的誠実さというものを心のどこかに宿しているかぎり、「あの人の人生は何を意味するのか、この人の人生は、あの作品は、この音楽は……」という際限もない問いに曝されている。このとてつもない問いを問い続けたのがヘーゲルだった。彼はソクラテスを問い、カントを問い、シェリングを問い、キリストを問うたのである。彼は神、自然、社会、理性、感情といったあらゆる事象に対して「納得できる意味づけ」を求めた。そこにヘーゲルの精神的営みの原点がある。

そしてそれがそうなら、第一に彼の哲学は何よりも理性によって答えられなければならないものであり、それは第二に体系性をもたなければならなかったのである。

（1） K. Rosenkranz: Georg Wilhelm Friedrich Hegels Leben, Wissenschaftliche Buchgesellschaft, Darmstadt 1988, S. 78（中野肇訳『ヘーゲル伝』みすず書房、九八頁）。

5　哲学の誕生

まず何よりもヘーゲルがこの世の意味を問うとき、それは理性的に納得できる意味づけによって答えられなければならないものだった。いいかえると、「納得できる意味づけ」を求めた彼は単なる感情的満足で安心することができなかった。たとえ感情的満足が訪れたとしても、この感情的満足は何を意味するかもう一度問うたのである。そしてその答えは、はっきりと言葉でもって、概念的命題でもって答えられなければ彼は安心できなかった。この立場の違いこそ、ヘルダーリンやシェリングから彼を分かつものなのである。哲学者があくまで学問の立場にとどまるのは当然といえば当然のことであるが、彼が遂にパンロギスムスと呼ばれるまでにロゴスに固執した姿勢は、「意味」への問いかけの激しさとともに、彼の知的誠実さを如実に示しているのである。

そしてこの知的誠実さは、おのずと体系性をも不可避のものとする。ここで体系性というのは、もちろん図式を意味するものではない。先に述べたように、一つのものの意味を問えば、それはかならずや別のものの意味を問うことを意味するということであり、それらの意味の関係が問われざるをえなくなるということである。「ヘーゲルの体系性」といった学問用語でこれを表現すると、それはたちどころに古色蒼然たる図式が思い浮かべられるが、ヘーゲルが捉えていた問題は、実は今も新しい問題であり、僕等一人ひとりが抱えている問題なのである。あえて言えば僕等はこの問題を誤魔化しながら生きているにすぎない。あるいはもう少し穏やかにいえば、僕等はそこまでの根気と能力をもたないにすぎない。この世の意味を問うかぎり、体系性は不可避の問題だったのである。

彼は意味を問うた。体系を問うた。それこそが彼の『精神現象学』の主題であるとともに、彼の全哲学体系の主題ともなった。真の処女作とも呼ぶべき『精神現象学』を書きながら彼はあらゆる世界事象の意味をたずね、その位置づけを求めている。その営みの中で、それまでなんとなく直感されていたものが、言葉を通じてどんどん明瞭な姿を現してきたに違いない。それは驚くべき経験だったのである。それは文字通り、精神の豊かさの経験だったに違いない。『精神現象学』を書き終え、改めて序文に向かったとき、彼にとってはロマン派の「合一」も啓蒙主義の「経験」も、精神の豊かさを知らない一種の逃避に見えてきたのである。

要するに「意味を問う」という精神の豊かな営みが、ヘーゲル哲学の柱ともなる二つの特徴を彼にもたらしたのである。一つは、この問いをあくまで理性的な問いとして問い続けるということ、もう少し一般的な言い方をするなら、この問いに対して知的に誠実であろうとするかぎり、真理の獲得は、学問ないしは哲学をおいてほかにないという立場を彼にとらせたことである。そして第二に、そういう問いを問い続けるかぎり、真理は体系性に行きつかざるをえないということである。

6　現実を受け容れる

しかしながら、ヘーゲル哲学の特徴が以上の二つだけに要約されるわけではない。もう一本の大きな柱がある。それは端的にいえば、「現実を受け容れる」という要素である。実をいえば「意味を問う」という大いなる疑問が生ずるのは、何よりも「現実を受け容れ」たときのことである。「これはいったいどういうことなのか」という疑問は、「これ」と呼ばれる「現実」を否認したり、最初からこれに否定的評価をして片づけてしまった人間には無用のものである。日々われわれが経験する、どうにもならない手に余るほどの現実が、まさに現実として受け容れられたとき、その混乱の中から意味が問われてゆく。この「現実受容」こそがヘーゲルを特徴づける第三の柱であると思うが、そうだとすれば、いったい「現実を受け容れる」とは、ここでどういう事態をさしているのであろうか。

まずこの命題を文字通り受け取るとするならそれは、ある現実が存在するという事実を認識することだと考えられる。しかしながらヘーゲルの現実受容ということが、ある現実が「現にそこにある」ことを認めるにすぎないとすれば、それはヘーゲルを特徴づけるほどのものではない。それは、誤って事態を見損なわないかぎり、誰もがやっていることだし、またやろうとしていることとも言えるからである。

とはいえ、この現実認知という意味での現実受容でさえ、われわれは往々にしてこれをやらないことも事実として存在する。この世には気にくわないことがあまりに多くて、僕等は日常生活の中で、気にくわない事実を無視し、あるいは否認してかかる。特定の宗教的、道徳的な立場や政治的立場に立つとき、往々にしてそういう事態が生ずるのである。そういうことを考えるとき、ヘーゲルの現実受容は、まずは以上の意味で、現実認知を要請しているといっても差し支えない。

しかしながらヘーゲルの現実受容には、もっと大きな意味がはらまれていたように思える。何よりも僕等がヘーゲルの著作を読むとき、そこに描かれた現実は、単にそこに在るというだけでなくて、さまざまな色合いをもった文字通り存在感にあふれた現実として目の前に立ち現れる。気に入る現実も気にくわない現実も、そこにそういうものとして、意味あるものとして立ち現れるのである。その姿こそが、ヘーゲルの現実受容のあり方を示唆しているように思えるのだ。その姿をじっと目をこらして見るなら、ヘーゲルにとっての現実受容とは、気に入るものも、気に入らぬものも、すべてが何らかの意味で「意味あるもの」として受け容れられていた、という風に思えるのである。もっといえば、どんなに気に入らない現実であろうとも、それは何らかの意味で、意味あるものとして肯定されているということである。そういう現実肯定としての現実受容が行われたとき、現実は掛け値なしに重みを獲得する。そしてこの重みを測る作業こそが、その現実の「意味を問う」という営みにほかならず、意味の関係としての体系をたぐりよせる作業にほかならない。

しかしながらこのような意味での現実受容あるいは存在肯定こそ、僕等が最も困難を感じるものではあるまいか。現実の重みに耐ええない僕等が最初にとる最も安直な方法は、さきほど見たように、直接これを無視し、否認してかかるやり方である。しかしそれもかなわぬとき、僕等は重みを測る前に、この現実に対して何らかの評価を下して、現実を色分けしてしまう。そうすることによって、自己の価値観や信念が混乱に陥るのを避けようとする。それは現実を受け容れることではない。彼がシェリングを批判した根拠の一つは、この危険性をシェリングの中に見たからだと思う。

彼は『精神現象学』の序文の最初のところで、「一番やさしいのは、実質をもち、充実したものを評価することであり、比較的むずかしいのはそれを把握することであるが、一番むずかしいのは、この両方を一緒にすること、すなわちこれを叙述することだ」(1)という。ここで「評価」するとはいままでの言い方を使うなら、現実を気に入るか入らないかで色分けすることである。これほど簡単なことはないとヘーゲルは言うのだ。そして比較的むずかしいとされた「把握」こそ、ここでいう現実受容のことであり、一番むずかしいのは、この把握の中から現実の重みを測り、つまりは意味を問うことによって最終的な意味づけが得られることである。そのとき、評価と把握が一体となる。それが獲得されたとき「叙述」が可能になるというのである。要するにヘーゲルのすべての哲学的営みの出発点に現実受容ということがあったと見ていいのだが、それは単なる事実の認知でも評価でもなくて、「意味」をはらんだものとしての現実を受け容れることであったと思う。実際、およそ「現実」と呼ぶに値するものは、それが僕等にとって「意味」をはらむ場合のことであって、単なる事実は「現実」とは呼べない。僕等の人生において「現実にぶつかった」といい、「現実に学んだ」というとき、それは意味をはらんだかぎりにおいての現実なのであり、「これはいったいどういうことか」と尋ねるとき、そこにはらまれた意味が問われているのである。

そしてほかならぬヘーゲルはその意味を問い続け、遂に「現実的なものは理性的」だという結論に到達したのであり、「意味」の究極の担い手として「絶対精神」に思い至ったのである。

最後の点は、いずれそれにふさわしいときに触れるとして、これまでのことから、ヘーゲル哲学の根源が「意味を問う」という点にあり、この根源的な問いを問い続けることによって、彼の壮大な体系が生まれたといってよい。この根源的な問いを根底に置いて見るなら、彼の哲学を特徴づける三本の柱が、どれも納得できる姿で見えてくる。あの現実受容も体系性も、そしてそれらが学問の場で行わなければならなかった理由も納得できるものとなる。それらは、「これはいったいどういうことだ」という彼自身の理性的問いかけに誠実であったかぎり、そうならざるをえなかったものである。

そして『精神現象学』を書いているうちにその営みの中で彼は驚くべき経験をしたに違いない。それは問い続ける理性自身の豊かさであり、問われる現実そのものの豊かさであり、成果として生まれてくる体系の豊かさである。一口で言うなら、それをこそヘーゲルは「精神の豊かさ」と呼びたかったのではあるまいか。彼から見れば、意味を置き忘れて「経験」にこだわる啓蒙主義も、信仰や信念に陶酔するロマン主義も、いずれも精神の豊かさを知らなかったということなのである。「精神は貧しくなりすぎている」。それは、彼にとって偽らざる実感であったに違いない。

（1） Hegel: Die Phänomenologie, S. 13（樫山訳一六頁、長谷川訳三頁）。

7　透明な学問

これまで僕は「精神は貧しくなりすぎている」という言葉を突破口に、まずは『精神現象学』を書いた頃のヘーゲルの精神的雰囲気を捉えることから始めたが、そのことは、おのずとヘーゲルのかかえていた最も根源的な問題意識を探るという結果になった。それは「現実の意味を問う」という言葉に集約される問題意識だった。実をいうと、これから僕は、彼の哲学をこの問題意識から照らし直してみようと思っているのだ。少なくともこの問題意識からヘーゲルの哲学を問い直してゆけば、彼の洞察の素晴らしさがはっきり取り出せるとともに、彼のかかえていた矛盾が明確になると期待しているのだ。議論が少し細かくなり、さまざまな問題を扱うことになるとしても、基本的な視点はそこに置くつもりである。

ところで、序論とでもいうべきこの場で最後にもう一つ、彼を理解するうえで触れておきたい文章がある。それも『精神現象学』の序文に出てくるもので、僕にとって印象深かった文章なのだ。

彼は次のように言う。「絶対的他在において純粋に自己を認識すること、このような透明の気そのものこそ学問の根拠であり土台であり、つまり知一般である。哲学が始まるには、意識がこのような境地にあることが前提され、あるいは要請されるのだ。しかしこの境地はまた自らの生成運動を通じてのみ自らを完全なものとし、透明そのものを確保するのだ。……学問の側からすれば、自己意識がこの透明の気へと高まってゆき、自己意識が学問とともにまた学問の中に生きることが出来、また実際にそこで生きることを自己意識に対して望んでいるのだ(1)」。

これも例によって掴みにくい文章である。彼の思いこみのほうが先走っていて、決して論理的な説得力のある文章とはいえない。実際この文章は、学問の姿を一種文学的な比喩で語ったもののようにさえ思える。とはいえこれらの文章から僕等は、ヘーゲルがイメージしていた学問像を捉えることはできる。それは一口でいえば、学問の場あるいは境地 Elemennt は透明なものだという事である。

考えてみれば、人間精神が対象を捉え切ったとき独特の透明さを獲得するということは、実は捉えた対象そのものが透明な像を結ぶということとパラレルなのではあるまいか。われわれが対象に向かったままそれが捉えられないとき、対象は不透明なままにとどまるといってよいからである。もし対象のあり方が概念あるいは言葉を通じてその骨格に至るまで明瞭に見通せる durchsehen なら、そのとき対象は透明 durchsichtigkeit になったのであり、そのとき僕等の精神自身も対象の不透明さからくる精神の混濁から解放される。

ヘーゲルもまたそういう風に考えていたのではあるまいか。思い切っていえば、僕自身何度かそういう経験をしてきた。アダム・スミスの文章について思いをめぐらした時がそうであり、とりわけ僕自身印象深かったのは、ハイドン、モーツァルト、ベートーヴェンといった人達の音楽の本質について本を書いたときだった(2)。一曲一曲それぞれがどのような意味をもつ音楽なのかを尋ねてゆくとき、その姿は最初、まるでピントのぼけた写真のように漠然とした不透明な姿で現れる。一部分は焦点が合っているとしても全体はぼやけたままなのだ。それが、眼をこらして一つひとつ言葉をたぐり寄せていくうちに、次第に焦点が合い始め、その姿が明瞭にそして透明になるにしたがって、こちらの精神もまた透明な状態になってゆくのである。

ヘーゲルが『精神現象学』の考察を進めていったとき、彼は何度もそういう状態に入ったに違いない。そしてそれは、精神が何事かを成し遂げるときの最も美しく、最も純粋な状態ではあるまいか。そういう経験の中で、それまで扱ってきたソクラテスやキリストやソフォクレス、そしてカントなどがはっきり位置づけられ、見えてきたのである。そういう彼にとって、シラーもシェリングも啓蒙主義の多くの人々も、いまだ精神が充分自己を展開していない人々としか思えなかった。彼等は言うなれば、精神の透明な状態を完全には実現していない人たちと思えたのであろう。

(1) Hegel: Die Phänomenologie, S. 29 (樫山訳二七頁、長谷川訳一六頁)。
(2) 拙著『モーツァルト　心の軌跡』、『ベートーヴェン　闘いの軌跡』、『ハイドン　ロマンの軌跡』(いずれも音楽之友社)。

8　モーツァルトとは僕のこと

ところでこれまで学問の場あるいは境地が透明だという命題が単なる文学的比喩であるよりは、彼の経験した事実だということを述べてきたが、そうだとすれば、そうなる根拠はいったいどこにあるのであろうか。そもそも対象が透明になるということは何を意味しているのであろうか。そのように問うてみるなら、ここでもまた彼が「意味を問う」ていたということが重要な意味を帯びてくる。

まず最初に、対象が透明になるということは、言葉あるいは観念によって対象である現実の姿がはっきりと捉えられること、つまり見通されること durchsehen である。そのときこれまで不透明で、わけの分からなかった対象が透明に duchsichtig になったといってよい。しかしそれはなぜ可能だったのか。そのように問うてみるなら、認識者の中に生じた言葉による知と同じものが、対象の中にも存在していたと考えるほかはない。いいかえると知という営みを行う精神と同じものが対象たる現実の中に存在していたと考えれば、そういったことが無理なくできることになる。少なくとも対象たる現実の本質をなすものが精神であるとき、それを知る営みとしての精神は対象の中に自己を見るに至る。そのとき対象は掛け値なしに透明になる。そこで先の引用文の冒頭の文章が書かれたのである。

もう一度その文章を引用すると、ヘーゲルは「絶対的他在において純粋に自己を認識すること、このような透明の気《エーテル》そのものこそ学問の根拠であり、土台であり、知一般である」という。ここで絶対的他在というのは、まずは精神が現実の中でさまざまな文化現象として外在化したものを考えると分かりやすいが、そういうものを対象とするかぎり、その認識は要するに精神が自己を認識することにほかならない。そのときまさに対象である他在と認識主体は同じ精神であることによって、両者はエーテルという透明体によって通じ合うものとなる。

確かにそうだ。僕等が文化事象を相手にするかぎり、こういった事態が生まれると考えてよい。僕はただひたすらモーツァルトの音楽の本質がどこにあるかを問い、その答えを探り出してゆくのだが、それはモーツアルトと同質の精神の働きが僕の中になければ不可能なことである。僕は僕自身の中にモーツァルトを発見し、モーツァルトの中に僕自身を発見する。そのとき僕は認識主体であることさえ忘れてモーツァルトの精神そのものとなり、そこで生み出された言葉は、まるで精神が精神を自覚するに至ったという風な実感をもつことができる。もっと言えば、それは、僕という個人を仮の器として、精神が精神を自己認識するという様相を呈する。精神はエーテルとなってますます豊かになりゆくのである。

　そうしてこのような経験の中からヘーゲルはカントの二元論を克服していった。ヘーゲルから見れば、カントが「物自体」は認識不可能だというとき、対象の不透明さを透明化することを断念したにすぎない。あるいはシェリングは不透明さの温もりのなかで安住し、物自体に寄り掛かっていたといってもよいだろう。それはいずれも精神がエーテルになりきらなかった哲学にすぎない。ヘーゲルは世界の意味を尋ねるという根源的な経験の中で、精神が精神に呼応しあう透明な境地を経験したのである。それは一種の陶酔でさえあった。彼は次のように言うのである。「だから真理とはバッカス祭の陶酔なのだ。そこに居合わせた人は、誰一人として酔わぬことはない。しかもそこを離れさえすればたちどころに醒めてしまうのだから、この陶酔はまた、透明で単純な安らぎでもあるのだ[1]」。学問がこれほど美しい言葉で語られた例はちょっと見当たらない。ヘーゲルは文字通り学問の醍醐味を味わったに違いない。このような文章に出逢うとき、ヘーゲルにとってヘーゲルの真実が間違いなく存在したことを僕は信じる気になるし、それとともにその真実が僕にとっても真実であることを信じる気になる。実際これまでヘーゲルの学問のあり方を見てきたかぎりでは、ヘーゲルの姿勢に何の問題点もない。むしろ魅力的であるとともに素晴らしいものである。知的遺産として僕等が知るに値するものである。

（1） Hegel: Die Phänomenologie, S. 49（樫山訳三九頁、長谷川訳三〇頁）。

9　森羅万象を問う

しかしながらこれまでの議論で僕があえて一つの重要な限定をしていたことに読者は気づいておられるだろうか。認識主観も対象も透明になるというとき、僕は対象を差し当たり文化事象に限定したのである。つまり人間精神が関わって生み出した事象に対象を限定した。そのように限定すれば、ヘーゲルの話はまことに通りのよい、素晴らしい経験としてわれわれを感動させる。意味を問う営みは文字通り、精神が精神を認識する行為となる。認識主体と対象はエーテルで結ばれる。

ところがヘーゲルが意味を問うたのは文化事象だけではない。自然事象も問うたのである。森羅万象、この世のあらゆるものの意味を問うた。この場合、いったい認識主体の精神と対象がエーテルで結ばれるといったことが無条件にありうるのであろうか。対象は文化事象と同じように、「透明に」見通すことができるのであろうか。それが可能だとすれば、自然の精神とはいったい何なのか。人間の行為を対象とするかぎり、これを少なくとも精神の営みやその結果という側面から捉えることは可能である。その場合は、その局面に関するかぎりそれは人間の精神が関与していると想定できるからである。しかしながら自然現象そのものが精神の営みであるということは自明のことではない。もし自然現象すべてを生み出すものとしての精神を想定するとすれば、それは文字通り自然についての形而上学として、神のごときものを想定せざるをえない。事実ヘーゲルはそういうものとしてここでも絶対精神を想定したわけである。

そしてそのように考えるとき、現代のわれわれから見ると、ヘーゲルは当時の自然についての形而上学の世界にいた人として、はっきり言えば別世界にいる人と考えざるをえなくなりそうである。実際、僕等がヘーゲルを古色蒼然たる別世界の人のように一番感じるのは、この自然哲学に象徴的に現れたヘーゲルの形而上学に接するときである。確かに僕自身、彼の形而上学に接するとき、僕の精神的枠組みでは捉えきれないものを感じる。ヨーロッパのあの時代、しかもある閉じられた社会でのみ抱くことのできた形而上学のように感じられ、そういうものとして片隅にうっちゃってしまいたい誘惑にかられる。

しかしながらヘーゲルの形而上学をそのように片づけてしまうなら、結局僕はヘーゲルを何も理解したことにならない、ということになるかもしれない。ヘーゲル自身にとっては、形而上学こそが彼の全体系の核心部分だということさえできるからである。彼が現実の意味を問うていったその集約点として絶対精神があり、逆にいえば、絶対精神こそが意味の源泉でもあったからである。ヘーゲルを問題にするかぎりこの問題は避けて通るわけにはゆかないのだ。

実際人間の精神が認識の段階を一つひとつ登ってゆけば、信仰に頼らずとも、あるいは危うい直感に頼らずとも、学問の道筋さえしっかりたとれば自然の中に「精神」が見えてくると彼は言うのである。そのことはいずれあとで扱う「悟性」の段階で問題にしたい。そしてそこでも明らかになるように、ヘーゲルが自然の中に精神を探り出す営みを立証するときにも、自然の本質が精神にあることは、自然という対象が透明になることと同じことと考えられているのである。自然科学が対象を見通し、不透明な状態から、遂に最高の透明度を獲得したとき（ニュートン力学）、精神は自己と同じものが自然のなかに在ることを知るに至るというのである。そしてそれが分かったとき、自然の「意味」も解明されたことになるといってよい。

しかしヘーゲルのこの話は、その論証に大きな無理があったように思う。その点はこの本の最後のほうで扱うことになるだろうが、ともかく彼の話を再構築していくにあたって、僕は彼の体系を一つは、「意味」の探求として、もう一つはその探求の達成度を測る尺度として「透明度」というものを軸に見てゆきたい。そういう角度から見たとき、ヘーゲルの体系はとても美しい姿で現れるとともに、その弁証法の進め方の独特の前提や問題点が浮かびあがってくると思うからである。とりあえずは以上のような予測のもとに、まずはヘーゲルが一般の経験科学と彼の「哲学」の違いをどう考えていたかを問題にすることから始めよう。

第2章　ヘーゲルの難解さ——思弁哲学の問題

1　読み解く歓び

「これはいったいどういうことなのか、この現実はいったい何を意味するのか」とヘーゲルは現実を問い続けた。現実の意味を問い続けた。この問いが彼の哲学の出発点にあり、この問いを問い続けることによって哲学体系が生み出されていった。そしてそこに現れた体系は、透明で豊かな精神の世界でもあるはずだった。およそ以上のようなことをこれまで述べてきた。

そこでいよいよ「ヘーゲルは現実の意味を問うた」という視点からヘーゲル哲学を再構築し、その姿を捉え直す作業を始めたいのだが、前にも触れたように、この作業を主に『精神現象学』にのっとってやってみようと思う。ヘーゲルの体系の最も完成された著作といえば、もちろん『エンチクロペディ』ではあるが、僕にとっては『精神現象学』のほうがはるかに面白い。「精神現象学はヘーゲルのアルファでありオメガである」といったことがすでに言われているが、(1) ともかくそれは文字通りヘーゲル自身の豊かな精神の息吹を伝えているからだ。遂に世の中が見えてきた歓びをそれは伝えている。この世の謎が一つひとつ読み解かれてゆく歓びをそれは伝えている。実際その歓びは大きかったに違いない。ときには身の震えるような歓びではなかったかと想像される。彼はこの著作を書き進めることによって、それまで彼を捉えてきたさまざまな現実の意味が分かってきたに違いないからである。ソクラテスもキリストも、カントもナポレオンも、その意味がはっきりしてきたに違いないのだ。ともかく彼自身にとってこの著作こそが真の処女作であるとともに、それゆえにまた彼の哲学を確信させたものであると見てよい。実のところあとの著作はすべて、ヘーゲル自身が『精神現象学』を自ら解釈し、整理しなおし、あるいは補足したものにすぎない。少なくとも僕にはそのように思えるのである。

ともかくヘーゲルは現実の意味を問うた。そうだとすれば『精神現象学』は何よりもまず、現実の意味を読み解く作業だったという風に考えられる。そしてここで扱われている現実とは、個々人の精神の中で立ち現れる感覚作用であったり、知覚、悟性、自己意識、理性と呼ばれる働きであり、あるいは社会現象として現れる習俗、倫理、法、さらには宗教、芸術、哲学といったものである。『精神現象学』では自然現象を除くあらゆる人間の活動が対象となって、その意味が読み解かれてゆく。いずれ明らかになるように、人間のさまざまな認識能力（感覚、知覚、悟性等々）でさえ、それは理性を獲得するプロセスとしてのみ意味をもたされて、そういう角度から個々の認識能力の意味づけがなされているのである。ともかくヘーゲルはその読み解く喜びに没入していたに違いない。それは彼自身のいう「バッカスの陶酔」にも等しいものだった。そうだとすれば、またここで読み解かれた世界は、ヘーゲル自身の読み解いた世界、いやヘーゲルによって初めて読み解かれた世界という風に信じられていたに違いない。それはそうなのだ。しかしながらまた他方でヘーゲルは、この読み解かれた世界が単にヘーゲル自身にとってのみ妥当する世界なのではなくて、むしろ誰にも妥当する世界であると信じていたに違いない。もちろんヘーゲルにかぎらず、どんな人間であろうとも真実を掴んだと信じたとき、それは誰にも妥当することが信じられている。その点ではヘーゲルが自分の体系の普遍性を信じていたそのこと自身は、別段取り上げるほどのことではない。

しかしながら哲学の場合、普遍性への確信は単なる信念の強弱の問題で片づけるわけにはゆかない。例えば宗教や芸術の場合には、普遍性への確信は「分かる奴しか分からぬ」といった風な主張と共存しうる。ところが哲学の世界では普遍性の根拠が明示されないかぎり、それは哲学と呼ぶことはできない。さらにいえば、哲学的主張の普遍性は、主張が行われるときの手順の普遍性によって支えられるものである。いいかえると、ヘーゲルが学問の立場にあくまでとどまりながら、現実の意味、世界の意味を読み解いたと信じたとき、その解読の手順は「誰もが修得しうる学問的手順」であることが前提されていたはずである。事実ヘーゲルはそう信じていた。少なくともヘーゲルにとっては、現実の意味は「言葉」によって、あるいは「概念」によって余すところなく解読されるはずのものである。それはいうなれば天才的直感や神秘主義的接近とは無縁のものなのだ。(2)そのような手順を経てこの世界の意味が解読されたとき、哲学的主張は、文字通り哲学的主張として己の普遍性を獲得したものとなる。そしてヘーゲル自身も自分の哲学体系を、まさにそのようなものと信じていたに違いない。

（1）　中埜肇『ヘーゲル』中公新書、七九頁。

（2）　ヘーゲルは『精神現象学』の序論で、学問が「秘教的所有物」であってはならず、公開的なもの（顕教的なもの）でなければならないと、次のようにいうのである。「完全に規定されたものになったとき、初めてそれは公開的なものとなり、概念的に把握されうるものとなると同時に、学習されてすべての人々の所有物となりうるのである。学問が分かりやすい verständlich 形式をもつことこそ、すべての人々にとって平坦にされ、すべての人々に差し出された学問の道なのである」（W. F. Hegel: Die Phänomenologie des Geistes, S. 20. 樫山訳二一頁）。

　ヴィンデルバントもまた次のようにいう。「弁証法は何ら天才の知的直観を前提せず、純粋な学問的な――それゆえ誰にでも修得されうる――認識形式であろうとする」。Windelband: Die Geschichte der neueren Philosophie in ihrem Zusammenhänge mit der allgemeinen Kultur und der besonderen Wissenschaften, Die achte Auflage 1922（豊川昇訳『西洋近世哲学史』第三巻、新潮文庫、三三九頁）。

　そしてヘーゲル自身、芸術の世界での「天才」は認めるが、「学問はただ一般的な思考能力を前提する」だけであるから、「単なる天分という意味での特殊な学問的才能は存在しないという方が正しい」というのである。W. F. Hegel: Die Ästhetik I, Suhrkamp. S. 63（竹内敏雄訳『美学』第一巻の上、岩波書店、九二頁）。

2　誰もが修得しうる哲学

ところで哲学の普遍性を根拠づけるものとしての解読の手順の普遍性とはいったいどういうものであろうか。その普遍性を僕は「誰もが修得しうる学問的手続き」という言い方で表現してみたのであるが、もう少しこれを具体的に言えば、「誰もが認めざるをえない命題と推論の手を借りて、これまた誰もが認めざるをえない命題を手に入れること」だといってよいと思う。

もちろんこの場合、最初の「誰もが認めざるをえない命題」というのは、人間精神についてのあらゆる内面的事実に関する命題でもありうるし、あらゆる外面的事実（自然的ならびに社会的事実）に関する命題でもありうる。あるいはまた数学的命題のような先験的命題でもありうる。この場合「誰もが認めざるをえない命題」というときの「誰もが認めざるをえない」根拠が先験的カテゴリーによって保証されたもの（カント）か、それとも認識主観と対象の相互媒介の中から生まれたもの（ヘーゲル）かは問わない。その根拠をどこに求めようとも、現に僕等が理性というものを持つかぎり「誰もが認めざるをえない命題」を確認できるし、そこからの推論によってしか学問的真実は確認できないのである。そしてまた「推論」とは、演繹的推論でも、帰納的推論でもかまわない。いずれにせよ以上のような命題と推論によって、これまた「誰もが認めざるをえない命題」が得られたとき、その手続きは普遍性を獲得したと考えられる。

ただこの場合、当然のことながら、その主張ないし認識は主語と述語からなる「命題」という形で言語表現されたものであることが必須の条件である。そうでないかぎり、その主張は学問的検討の対象とはなりえない。いいかえると、そうでないかぎり「誰もが認めざるをえない命題」であるかどうかの検討さえできないことになるからである。

要するに僕等が一般に「理性」と呼ぶ人間能力によって事柄が解明されるとき、それはいわば哲学的普遍性を保証されたことになる。理性はものごとに問いかける能力であるとともに、それに対して誰もが認めざるをえない命題と推論でもってこれに答えようとする能力だからである。そこで哲学の普遍性は何によって支えられるのか、その答えをもう一度繰り返せば、それは「誰もが納得できる命題」と「推論」という二つの手順（認識手続き）によって支えられるということができる。そしてヘーゲル自身も、このような普遍性を当然のこととして、彼の学問的営みを始めたに違いないのである。

3　ヘーゲルの気づかなかったこと

確かにそうなのだ。ヘーゲルの文章を一つひとつたどってゆけば、彼自身もまた「誰もが納得するはずの命題」を出発点に据え、そこからさまざまな「推論」を経て、彼独特の命題に到達しようとしているのである。もっとも、彼の叙述は、独自の命題を先に述べておいて、それがなぜそうなるかを論じてゆくケースも多いが、認識の構造はいま言ったような形になっている。このことをまず確認しておく必要がある。

しかしながらこのようにいうと、カント哲学とヘーゲル哲学を知った人から、たちどころに理解不足を指摘されそうである。というのは「納得できる命題」と「推論」という哲学的手続きこそ、カントがやった哲学手法であり、それを批判し破壊したのがヘーゲルであると。だからこの手法をヘーゲルにあてはめることによってはヘーゲルは理解しえないという批判である。もう少し具体的にいうと、「納得できる命題」を用いた「推論」という手法は、「対象」と無関係な「認識主観」の手法にすぎず、この「主観」の側の手法を一方的に哲学の真理基準にするやり方こそ、ヘーゲルが徹底して批判したやり方だという批判である。

これは一見もっともらしい批判であるが、僕はそう考えない。ヘーゲルが彼の哲学を述べるとき、依然としていま言った古典的な推論形式をとっていると思うのだ。端的にいうと、彼が一つひとつの文章を述べてゆくとき、彼は読者に相づちを求めているに違いない。そして学問的命題として相づちを求めるかぎり、ヘーゲルの弁証法的命題といえども「納得できる命題」と「推論」に訴えるほかないのである。彼が神秘主義を排し、あくまで哲学の立場にとどまろうとするなら、そうせざるをえないのである。

確かにヘーゲルは、哲学的真理は認識主観と対象との相互媒介の中から生まれてくると主張したのであり、その弁証法という新しい手法がその眼目になったのであるが、相互媒介のありさまを解き明かす個々の文章は、先に見た「納得できる命題」と「推論」という手法を採らざるをえないということなのである。矛盾の存在を強調したヘーゲルといえども、推論の段階で「矛盾律」を排除することはできないということである。矛盾が存在する現実の姿を叙述することは当然許されるとしても、その矛盾がなぜ生まれ、なぜ統一されるのかといった説明をするときは、われわれの日常の推論からはずれるものであってはならないのである。現実に矛盾が生じたり、統一したりする根拠として、矛盾律を真っ向から否定するような推論形式、すなわち「Aは非Aである」などといった推論形式を使うことはできないということなのである。(1) そもそも学問として、そんなことがあっていいはずがないからである。

もっとも、ヘーゲル自身はこのことに充分気づいていなかったように思われる。少なくとも彼の心は、あらゆるものは矛盾をはらんで、その解決に向かうものであるという考えと、真理は主観と客観の相互媒介という運動から生まれるという考えに覆い尽くされており、その運動する姿の叙述に熱中するあまり、叙述の中に隠された推論そのものには全くといってよいほど注意を払っていない。彼がもし以上の古典的手法を意識的に用いて論述を進めていたら、彼の文章ははるかに分かりやすいものになっていたと僕には思われるのである。

(1) 弁証法の矛盾と矛盾律については僕の扱う角度とは少し違うが、城塚登氏もほぼ同様の指摘をしておられる。城塚登『ヘーゲル』(講談社学術文庫) 六五頁以下。

4　ヘーゲルの曼陀羅

以上のことを端的にいうなら、ヘーゲルの哲学も根本においては、平易な文章で表現されて然るべきだった、ということである。彼が神秘主義を排し、読者の理性に相づちを求めるなら、彼自身そうすべきだったのである。

ところが彼の文章を読み始めると、僕等は名状しがたい難解さにぶちあたる。彼の繰り出す言葉や文章は、先にみた学問的手続きをほとんど無視しているのではないかとさえ思えてくるのだ。それは仏教の曼陀羅のようでさえある。彼のさまざまな文章や著作はまるで曼陀羅の謎解きを僕等に迫ってくる。むしろそういう風に考えれば、かえって彼の全体像が姿を現すという風に思えるのである。

もちろんヘーゲル自身は謎解きのような曖昧なものを残さず、この世のすべてを言葉、ロゴスで表そうとし、解明しようとした。謎解きではなくて、学問としてこれを説明しようとした。

にもかかわらず彼の一つひとつの文章は決して論理的であるとはいえず、むしろ一つひとつの言葉にも文章にも彼の思いが込められ、その思いに染め抜かれているといってよい。そしてその思いに僕等の感情が共鳴しないかぎり、何が言いたいのかさっぱり分からないという風だ。少なくともこちらの経験が充分でないかぎり、共鳴も起こらず、思いも通じない。そこがまた仏教の経典ときわめてよく似ているとも言える。

そういう風に見ていくと、ヘーゲル自身があれほど学問にこだわりながら、肝心要の「言葉」の使用においては、きわめて曖昧であり、しかもそれぞれの「言葉」に信じられないほど深い想いを込めていたことが分かる。そしてその想いが深ければ深いほど、彼にとって「言葉」は、それを表すにはあまりにもどかしい媒体でしかなかったように思えるのである。僕自身、彼の文章を読むとき、まことにもどかしい思いをする。この言葉でいったい何が言いたいのかと何度も読み直し、何度も尋ねたい気になる。しかしそのもどかしさは、実はヘーゲル自身が抱えていたもどかしさに違いないのだ。彼の言い表したい内容からみれば、言葉はあまりに限られたことしか表現しえない記号だからだ。そうであればヘーゲルはますます強い思いを込めて言葉を使ったのであり、その思いに染め抜かれることによって、単なる記号が重い内容を担うようになっていったのである。

そしてこのような文章のあり方そのものが、ヘーゲルの哲学が一種の曼陀羅、文字による曼陀羅になっていることを示しているように思う。彼の使うさまざまな言葉、「自体、対自、対他、感覚、知覚、悟性、理性」等々の言葉は、それぞれヘーゲルの想いに染め抜かれた曼陀羅文字なのだ。想いを込めた文字で彼は曼陀羅画を埋め尽くしたのである(1)。そして一度そのように観念してヘーゲルの体系を見渡してみるなら、これを学問として吟味するときより、はるかに見通しがよくなる。そこには一つの壮麗ともいえる図柄が浮かび上がってくるからである。少なくとも僕にとってはそうだった。これを一つの曼陀羅であると観念したとき、そこに麗しい絵が浮かび上がってくるとともに、その色彩豊かな図柄の背後にその構図が、まるでレントゲン写真の透視図のように見えてきた。しかもレントゲンを通してみた構図は、理性という筆で描かれていたといってよい。

それはまさにヨーロッパの哲学者が描いた驚嘆すべき曼陀羅といって差し支えないものである。ただ、仏教のそれに比べるなら図柄は小さいともいえる。それは未知なるもの、不可思議なるものを排除して、すべてを理性の筆でもって描こうとしたからであろう。それにしてもそれは依然として見事な曼陀羅と呼ぶに相応しいものである。

(1) アドルノは、以上のようなヘーゲル哲学のあり方を次のように巧みに表現している。「要するに彼の著作は、叙述のうちで直接に内容と似たものになろうという試みである。叙述の指示的性格は、ミメーシス的性格の陰に引っ込んでしまう。それは一種の身振り言語ないし絵文字であって、ヘーゲルがカントおよび啓蒙主義から受け継いだ荘厳な理性の要求とは、奇妙にそぐわないものである」。T. W. Adorno: Drei Studien zu Hegel, S. 111（渡辺裕邦訳『三つのヘーゲル研究』河出書房新社、一七九頁）。
あるいはヴィンデルバントはヘーゲルの体系を含むドイツ観念論を「形而上学的宇宙論」と呼んでいる。これもまたヘーゲルの体系を一種の曼陀羅として受け取った言葉だと思う。邦訳第三巻、三八九頁。

5　意味の世界

いったいどうしてこんなことが生じたのであろうか。彼はあくまでこの世を学問で解き明かそうとした。自分の話を、誰もが修得可能なものとして説明しようとした。にもかかわらず、そこに現れたものは「絵文字」であり、謎解きを要求するがごとき曼陀羅だったのである。こと志と違ってしまったこの結果はどうして生じたのであろうか。

そういう風に問いを立て直してみるなら、それはやはり、説明さるべき内容が、古典的な手法では説明しきれないものをはらんでいたからだと考えるほかはない。例えば「誰もが納得できる命題」と「推論」という手法をとるとしても、それが実証的個別科学の世界であるなら、事は簡単にはこんだかもしれない。しかし彼が説明しようとした内容はもっと別の所にあった。それは最初に述べたように、この世の現実の「意味」を解明することだった。そして意味の解明という営みは、実証的個別科学とは全く別の手法を必要とするからである。

自然科学で「納得できる命題」とか「推論」とか呼ばれるものは、誰もが五官で経験し、確かめられる命題であり、その命題にもとづいた推論でしかない。だとすればここでは基本的には、平明な説明が可能である。もちろんこの分野でも、現在の天文学や量子力学や生化学などの命題はとても素人の理解できるものではなくなっている。それは難解であり、「納得できる命題」といっても、その表現はわずかの専門家にしか分からない。素人に分かるのは、ただ巡り巡ったその結果が日常の経験と合致するかどうかという点でしかない。しかしそれにもかかわらず、実証的科学が証明ないし論証しようとする方法は、その根本において日常の感覚的経験がその正否の決め手であるし、その論証自体、知的能力さえあれば誰もがその結論に至るはずの筋道をもったものである。

ところが同じこの世のことを問題に取り上げるとしても、「意味の世界」はこれと全く異なった様相を呈することになる。例えばこの世の現実から汲み取られる「意味」がそもそも「誰もが納得しうる命題」として取り出せるものかどうか、それ自身が問題なのである。

そもそも僕らが「現実のもっている意味」というときの「意味」は、例えば五官で確認できるような世界ではない。事象そのものは五官によって確認できるが、その事象にはらまれた意味は、その事象に直面した人の事象に対する評価とともに生まれたり消え去ったりする世界である。

例えば日常生活で僕らは「あれは大して意味のあることではないんですよ」と言い、あるいは「いや、あれは大変なことですよ」と言ったりする。つまり「意味」が「意味」として存在し成立するには、何らかの意味で「重要である」という評価が行われる必要がある。むしろ何らかの意味での重要性こそが「意味」の内容をなしている。「大変なことですよ」という人にとってはそこに「意味」が存在し、「大したことではない」という人にとっては「意味」は存在しないからである。そうだとすれば意味の世界は、それに関わる人の評価次第で存在したりしなかったりする世界だということさえできる。ピカソの「ゲルニカ」という一枚の絵は、絵画という美の世界で大変おおきな事件となったが、それは美の世界で重要なインパクトをもつと評価した人にとってそうであったにすぎない。今もこれを評価しない人にとって、それは何の「意味」ももたない布切れでしかない。しかしそれはまた当時のスペインの人々にとって、政治的に重要な意味をもつことができた。それは彼等の民族的情熱を奮い立たせたのである。しかしまた現在ではこの一枚の絵は絵画史上大きな意味をもつものとして評価を得るに至っている。事実多くの画家がこの絵に感動し、大きな影響を受けたのである。

ナポレオンのような独裁者が生まれるといった事件は、単に政治的に大きな意味をもつのみならず、宗教や道徳、社会習慣に至るまで大きな意味をもった。つまりさまざまな出来事は、さまざまな意味をはらみながら生起しているわけだが、その意味は、その重要性の評価とともに生み出されてゆく世界なのである。たとえソクラテスが死んでも、プラトンという人がソクラテスの「意味」を受け取ることができなかったら、ソクラテスは歴史に埋没し、その後の新プラトン主義や中世のスコラ哲学があんな形で成立したかどうか疑わしい。プラトンによる評価とともにソクラテスという哲学者は歴史的事件となり、新しい「意味の世界」が拡がっていったのである。意味の世界はそういう精神の営み、評価の営みとして拡がってきた世界である。そして人間が評価をもって関わる重要なものを、新カント派やウェーバーは「価値」あるいは「文化価値」と呼んでいる。そしてヘーゲルが現実の中にたずねていった「意味」とは基本的にはまさに現実のもつ文化的意義、文化的価値のことなのである。(1)

(1) もちろん「意味」という言葉は、さまざまな使われ方をする。「言葉の意味」というときは、その言葉の定義内容のことである。あるいはウェーバーが社会学で、「思われた意味」といった使い方をするときは、行為者の動機のことである。さらに「それは重大な意味をもつ」というとき、因果連関の中で重要な影響力をもつときにも使われる。つまり因果的重要性（原因としての影響力の大きさ）を指し示す場合もある。しかしヘーゲルが現実の中に探り出した哲学上の「意味」は、まさに文化的意味なのである。

6　イエスの意味

そしてヘーゲルの尋ねようとした対象が、現実のはらむ文化的意義であるという風にいえば、この意味の世界が、実証的個別科学では把握できないものであることが、よりはっきりしてくる。まずはヘーゲルの求めた意味の世界が内容的には文化的意義の世界であることから確かめてゆきたい。

例えば、ヘーゲルはイエスという人とその教えを問題にした。イエスとは誰だったのか、彼の教えは当時の人々にとって、あるいはユダヤ人にとって何を意味し、さらに後世の人々にとってどういう意味をもったのか、そのことを彼は若い頃考えぬいていた。それはイエスという、いうなれば歴史的対象が、どういう意味をもつかということを尋ねることであった。同様の疑問をソクラテスについて、あるいはナポレオンやカントについても投げかけた。あるいは宗教改革について、フランス革命について同様の問いを投げかけたのである。

そこで例えばイエスと彼をとりまく集団の意味を尋ねるとはどういうことを意味するのであろうか。ヘーゲルにとってそれは何よりもまず、イエスを信ずることで自分が救われるかどうかということであり、あるいは信ずるとすれば、イエスの教えのどこが真に価値あるものであるか、という問題であったはずである。そこで最初ヘーゲルはイエスのことを、カント的な道徳の理想的体現者と考えたのである。しかしカントそのものから脱却し始めた彼は、次にイエスの教えを「愛の宗教」と考えるようになる。以上は、意味を尋ねるといっても、最も直接的な、自分の人生観に関わる尋ね方である。しかし彼はそこで歩みを止めなかった(1)。

彼は宗教に限界を感じ、遂に宗教を突き抜けるものとして、哲学というものを真理の中心に据えることになる。そうなったとき、イエスの教え、つまりキリスト教は別の意味を与えられることになる。キリスト教は、人類を貫く「精神」の一つの段階と考えられるに至るのである。つまりキリスト教は、宗教の中で神と呼ばれるものの実態が、実は「精神」であることを明らかにした段階として位置づけられる。さらにそのことによって人類は精神そのものをわがものとしてゆく段階へ入ってゆく、という風に考える。

これらはいずれもヘーゲルが、自分にとってのキリスト教の「意味」を解明しようとした試みである。しかし同時にヘーゲルは宗教、とりわけキリスト教が「人類にとって」どういう意味をもってきたかをも解明しようとしている。もちろん出発点は「彼自身にとっての」イエスの存在の意味を問うことにあったが、その問いはヘーゲルにとっては、当初から「人類にとっての」キリスト教の意味を問うことと同じことでもあった。キリスト教がこれまで人々にとってどのような意味をもってきたかという問題と彼自身にとっての問題は彼にとって別の問題ではなかった。例えば彼が一時、キリスト教の真髄と考えた「愛の共同体」は、歴史的にみて、ついに世俗との対立の問題を解決しえなかったのであり、そういう歴史的事実が宗教そのものの限界を彼に教えたのであり、このことが彼に世俗の「法」の意味を再考させるとともに、哲学こそが真実の道であり、したがって哲学こそ究極の救いの道であると考えさせるに至ったのである。

イエスという歴史事象の意味の解明は、ヘーゲルにとって以上のような形をとっているが、その解明の手続きが実証的個別科学の論証とは全く異なったものであることは明らかである。

もちろん意味を問うといっても、ある個人が何か確信を得ることだけを求めて、その解答を一種の直感の中に求めるのであれば、これは意味の解明とは呼べない。それが意味の解明と呼びうるものになるには、まず問いの対象が理性的に吟味されうる形をとらねばならない。つまり問われる「意味」が吟味されうる対象として客体化されねばならない。そして、このように客体化、対象化されたものをわれわれは文化現象と呼んでいるのである。言いかえると意味の世界は、文化価値（意味）を担った文化現象として対象化されたとき、それは理性によって吟味されうる対象となる。ここのところを最も鋭く自覚し、それを社会科学の方法として確立したのがマックス・ウェーバーである。彼は、社会のある事象の意味を学問的に問うということは、ある事象を文化現象として問うことであり、それ自身がすでにある種の評価を含んだ営みであることを明らかにした人である。このあたりは多少込み入った話になるが、ともかくヘーゲルのやろうとしたことを明らかにするために、ウェーバーの方法概念を使いながら意味の世界がどういう形で存在しているかを明らかにしたい。

そこでいずれ分かるように、実はヘーゲルのやろうとしたことは、まさにウェーバーが自覚的に方法化した文化科学のやり方と共通するものをもっていたといってよい。両者の方法は、ウェーバーが『ロッシャーとクニース』の中でヘーゲルの流出論を徹底的に批判したため、決定的に対立するものと解釈されている。確かに流出論の点では両者は相いれない。そして流出論それ自身は、確かに根本的に重要な相違ではあるが、文化事象の意味解明という側面では、実質的には全く同じ土俵で仕事をしていたと見てよい。それは今から見る通りである。のみならず内容的にも、ウェーバーはヘーゲルからさまざまな着想を得たと僕は見ている。両者を読めば読むほど、想像以上に両者が大きなドイツ的伝統の同じ流れの中にいたというのが、僕の印象である。

（1）このあたりの事情は西研氏が見事な叙述をしている。西研『ヘーゲル・大人のなりかた』ＮＨＫブックス、第一、二章。

7　歴史的対象としてのイエス

とりあえずもう一度イエスの例で考えて見よう。例えばイエスという事象のもつ意味を学問的に、あるいは理性的に問うという場合、さまざまな問いかけが可能である。いままで見てきたように、イエスという宗教家の神の観念そのものを自分に関わらせて問題にすることもできるだけでなく、イエスの教えや教団がユダヤ教に及ぼす意味、あるいは当時のローマの政治状況に対する影響、さらに下ってキリスト教が中世のゲルマン民族や現代のヨーロッパ人に及ぼした影響など、イエスという事象はさまざまな角度からその意味を尋ねることができる。

しかしそのような「意味」が読み解かれる前提として、何よりもまずイエスの教えそのものが理解され、「イエスの教え」というものが一つの意味の世界として客体化、すなわち対象化されなければならない。そのとき文化現象、より厳密にいえば宗教現象としての「イエスの教え」が成立する。この対象化の作業は、通常イエスの教えを「理解する」という風にいわれるが、その理解の方法は、自然現象の因果関係の理解の方法とは全く違ったものである。

そもそも理解される対象が五官で確認しうるような対象として存在するわけではない。それは「意味」の世界であり、事柄自身が精神の営みとして存在するものだからである。しかもその精神の営みは、聖書などの文献にみられる当事者の言葉や行為から読み取られるものであるが、その営み自身はある種の評価（価値判断）という形をとった営みであることに注意しなければならない。

具体的にいえば、イエスは新しい神の観念を提示し、あなた方の信仰はそれでよいのかと問いかけた。それは神のあるべき姿、人間のあるべき姿への問いかけである。いいかえるとそれは、新しい価値を提示するものだった。その新しい「価値」こそが、イエス出現の「意味」だったのである。そうだとすれば「イエスの教え」の「理解」というものは、その価値自身を理解するものでなくてはならない。そして価値の理解は、認識者がその価値を自分の人生観としては拒絶する場合でも、「理解」しようとするかぎり、まずはその価値を自らのものとしなければならない。そうでないかぎり、認識者はその価値を真に理解したとはいえないのである。対象を自らのものにするという行為があって初めて、認識対象がまさに「対象」と呼べるものになるのである。そこから話が始まるのだ。この価値の理解のことをM・ウェーバーは「価値解釈」と呼んでいる(1)。

そしてこのウエーバーの「価値解釈」という言葉を使うなら、「価値解釈」こそ、イエスの教えの意味内容を理解し、明示することであるとともに、そのことによって「意味の世界」を客体化し、理性によって吟味しうる「対象」にすることである。そしてそれはまた、自然科学に対比した意味での文化科学の「対象の形成」を意味している。つまり価値解釈によって明確にされた「イエスの教え」は、そのことによって自分自身信ずるに値するものかどうかを理性的に検討しうる対象になったと同時に、またこの「イエスの教え」が後世にどのようなインパクトを与えたかを歴史的に検討しうる対象ともなったのである。ここでもウェーバの用語を使えば、「イエスの教え」は「歴史的個体」になったという風に言うことができる。通常の用語でいえば、意味の世界での「歴史的事実」になったのである。だからヘーゲルが意味の世界を尋ねてゆくときに行った「意味の解明」は、まずはウェーバーのいう「価値解釈」だということができる。彼は人類の歴史の壮大な価値解釈をやったといってもよい。キリスト教に対して行ったと同様の価値解釈をギリシャの芸術や宗教に対して行ったのであり、あるいはソクラテスやストア派について行った。そしてそれは、それぞれがヘーゲル自身にとってどういう意味をもつかを問うことであるとともに、人類にとっての意味を問うことでもあった。そしてそれが壮大な思弁哲学、あるいは形而上学へと形成されていったのである。

ただ、このような形でヘーゲルが意味を探究していった場合に、彼が自分の人生観や世界観をそれぞれの事象に都合よく押しつけていったという風に考えてはならないだろう。確かに結果的にそうなってしまった場合もよくある。僕はそう思っている。しかし彼が意味の探究をしていったその時の態度や手法は、決してそのような恣意的なものではない。彼が意味の世界を探究するとき、彼はいつもその世界を理性的解明にとって開かれた世界として解明しようとしたのである。別の言い方をすれば、いつも学問の場でこれを行おうとした。だからこそヘーゲルの意味探究の手法がウェーバーの価値解釈と同じものと解釈できるのである。

（1）　M. Weber: Wissenschaftslehre, 3. Auflage, J. C. B. Mohr, Tübingen 1968, S. 245（森岡弘通訳『歴史は科学か』みすず書房、一四六頁）。
またウェーバーの「価値解釈」の理解の行きとどいたものとして、大林信治『マックス・ウェーバと同時代人』（岩波書店）の第四章を参照。

8　評価と理解

では「意味の世界」が、理性によって解明されうる世界であり、したがってまた理性による吟味の対象になるということはどういう事態を指しているのか、その内容を深めてみたい。

これまで見てきたように、意味の世界は価値の世界であるといってよい。それはある事象が何か重要なものとして評価される世界である。その評価行為は、何よりも歴史上の人たちが行っていたものであるが、それと同時に認識者が行うものである。いずれが欠けてもわれわれの眼の前に意味の世界が現れることはない。

例えばイエスの行為は、人々に何か重要な意味を投げかけ、人々はこれにさまざまに対応したわけだが、そこには神の観念をめぐる価値の闘争があったとみてよい。言いかえるとイエスの出現は、当時の人々がさまざまにこれを価値評価することで、意味の世界として出現していたはずなのだ。それはそうなのだが、だからといってヘーゲルに残されているのは聖書をはじめとする文献や遺跡といった物質にすぎない。それらを手がかりにヘーゲルはイエスの意味の世界をいわば再構築しなければならないわけだが、この再構築の手続きこそ、ヘーゲル自身の評価行為なしには成立しえないのである。相手が価値の世界であるなら、何よりも評価行為によってしかその世界は姿を現さない。

例えばどういうことかというと、この評価行為が最もプリミティブな形で行われるケースとして、ヘーゲルがイエスを道徳の理想的実践者として捉えた場合があげられる。彼がイエスの意味をそのように解明したのは、何より彼がイエスを道徳的存在として評価したからである。そういう自己の評価行為を自ら対象化して、イエスの中心的意味に据えた。ヘーゲル自身のそういう積極的評価行為なしには、イエスの道徳者としての存在は現れてこなかったに違いない。同じことはのちにイエスを「愛の教え」として解明した時にもいえる。イエスを「愛の教え」として評価したから、そういう解釈が生まれたのである。そしてまたそういう解釈の変化が生まれてきたのは、彼が道徳よりも愛の方が大切だと考えるようになったからである。

価値の世界の「理解」というのは本来そういう手続きをとるほかないものである。芸術の世界でいえばもっと分かりやすいかもしれない。僕らがセザンヌやピカソを理解するというのは、評価行為にほかならない。素晴らしいと思い、評価することが、それを理解することにほかならないからだ。

ところでそうだとすれば、このような価値評価を内容とする価値解釈は学問の世界にとどまりうるのであろうか。意味解明の世界はさまざまな価値観が相争う場でしかなくなってしまうのではあるまいか。実はこれこそそのちに価値判断論争のテーマになっていった問題でもある。そしてこの問題に対して、これが一つの学問の場でありうることを示したのもマックス・ウェーバーである。それを示したのが「価値解釈」、ないし「価値分析」という言葉だったのであり、ヘーゲルもまたそういう言葉は使わなかったものの、これが学問の場で成立することを当然のことと考えていた。

「価値解釈」の内容はすでに書いてきた通りのものであるが、それをもう一度ここで表現し直していうと、次のように言えると思う。それは確かに一種の評価行為なのであるが、それが価値についての「解釈」ないし「分析」であるかぎり、それは「言語で表明された命題」として取り出されねばならないものだということである。評価行為そのものは、例えば「素晴らしい」とか「美しい」とかいう形で「感じ」られたり「信じ」られたりするものだが、価値解釈は、まさにその感じられたり信じられたりする内容を言葉で表現する。イエスの中に感じた素晴らしさは、その道徳にあるといい、それも内面的に自律した道徳性にあると解釈し、あるいはその素晴らしさは実は「愛の実践」にあると解釈する。またピカソの美しさは「生命の輝き」にあるといい、「精神の自在さ」にあるという。そしてそういった言葉で表現されたそれぞれの解釈がさらに、なぜそうなのかというところまで進んでゆく。そのような言語命題で評価内容が対象化されたとき、僕等は今まで漠然と感じていたものを自覚させられたり、あるいはこれまでなぜ気に入らなかったかがはっきりする。キリストはそういう人だったのかと納得し、ピカソの美しさがそこにあったかと納得する。それはまさに価値の内容が理性によって認識されてゆくことにほかならない。つまり価値というものは評価行為ぬきには「理解」しえないものであるが、その評価の内容自身を言葉で取り出し、命題化することは可能であり、この言葉による命題化こそが、価値の理性的認識そのものなのである。そしてそれゆえに価値の世界は理性の吟味の対象になることができるのである。宗教論争や芸術論争は暗黙のうちにそういうことをしているのである。少なくとも学問は価値の世界が言語命題として対象化されうるものであることを前提している。この言語的対象化によって価値の世界は理性的吟味の対象となり、そこに一つの学問的世界が生まれているのである。

9　価値の解釈と人生観

しかしながらここにもう一つ厄介な問題がある。それは第一に、意味解明のさいの評価行為が、結局はそれぞれの認識者の人生観から生まれたものではないかという問題、そしてそれがそうなら第二に、行きつく先この理性的吟味も人生観の対立に終わるのではないかという問題である。意味の世界の解明の問題を扱うかぎり、この問題を素通りするわけにはゆかない。

もし以上のような問いを立ててみるなら、第一の問いに対しては否定的に、第二に問いに対してはある意味で肯定的に答えることができる。

まず価値解釈（意味理解）のさいに行われる評価行為が、かならずその人の人生観と一致したものかどうかという問題から始めたい。先ほどのヘーゲルのイエス解釈の場合を例にとってみると、彼の評価行為と人生観は見事に一致しているといってよい。彼がカントの道徳論に心酔していたとき、彼はイエスを理想的なカント主義者と解釈していた。道徳者という観点からイエスを評価し、その評価行為とともに、イエスに道徳者という意味（価値）が与えられた。この場合、まさに彼の人生観として最高の価値を置いた道徳という観点からイエスは価値解釈されたわけである。同様のプロセスがイエスを「愛の実践者」として捉えるときにも生じたのは先に述べた通りである。そしてさらに彼の人生観が宗教よりも哲学に究極の価値を認めるようになったとき、イエスはむしろ「神の実態が精神である」ことを示した人間として評価され、解釈されることになる。つまりヘーゲルのイエス解釈は、彼の人生観が変化し、人間にとって一番大切なものが何であるかについての考えが変化するに応じて変化してゆく。自分にとって一番大切な価値あるものを次々とイエスの中に読みとり、それがイエスの価値解釈の変化となって現れているのである。

このヘーゲルの例をみると、価値解釈（意味理解）は、自分の人生観と一致する価値だけが評価され、取り上げられるように見える。しかしながら、これはまさにヘーゲルの、とりわけイエス解釈の場合がそうなのであって、いつもこのような形でしか価値解釈が存在しえないと考える必要はない。

例えば僕等は、ある人物を自分の人生観としては認め難いと思い、あるいは低くしか評価できないと思っていても、その人が何によって支えられているかを理解することはできる。場合によっては本人以上に理解できることもあるし、むしろ理解できるからこそ許せないと思うことさえある。これは日常、僕等がやっていることである。そういう営みを学問的に表現すれば、価値解釈を行っているということになるのである。ただ日常生活ではその解釈に厳密を期することがないだけのことである。別の言い方をすれば、イエスの価値解釈も隣人への解釈も、やっていることは同じことなのだ。

そうだとすれば、価値解釈の中で行われる評価行為は、かならずしもその人の価値観（人生観）と一致する必要はない。むしろ価値解釈という学問的営みにとって必要なことは、どのような人間の価値観にも入ってゆける感受性と、それを言葉で捉えうる能力である。この二つがあれば、人生観が一致しなくとも価値解釈は可能なのである。ただわれわれは、自分自身の生き方に近い対象や人物に強く魅かれるし、これを積極的に評価するから、そのことによってまた優れた価値解釈が生ずるのは当然のことなのであるが、そうだからといって価値解釈が本人の肯定的評価と一致する必要は全くないのである。だからこそヘーゲルは『歴史哲学』講義で、あれほど多彩な歴史像を描くことができたのであり、またホイジンガやブルックハルトは、あの感受性と言語能力に恵まれたことによって多様で多彩な人物像や歴史像を描くことができたのである。

10 「知るに値する」局面の選択

そうだとすれば、この価値解釈ないし意味理解はその人の人生観や価値観と全く独立に存在しうるのであろうか。これが問いの後半部分であるが、両者が独立であるかどうかという話になると、これは関係があるとしかいえない。なるほど価値解釈にさいして行われる評価行為がそのまま自己の肯定的評価である必要はないが、ある事象をどういう観点から価値解釈するかという点ついては、認識者の価値観が働いてこざるをえないからである。僕等はいうまでもなく、意味の世界、つまり価値の世界を対象とするわけであるが、そのときどういう価値の局面を認識対象として選び取るか、という所にその人の問題意識が現れ、この問題意識はその人の価値観によって左右されるということなのである。M・ウェーバーの表現をかりれば、認識者の価値観は、ある局面ないし観点を「知るに値する」という形で選び取る所に現れる。しかしながら、これはあくまで問題意識と局面の選択という範囲を出ないのであって、その人の人生観がストレートに現れるということとは決定的に違うのである。あくまで選び取られた局面の認識は、学問として成立し、また学問的検討の対象になるものなのである。(1)

局面の設定は、その局面への積極的評価をそのまま反映することがきわめて多いことは事実として存在する。ヘーゲルのイエス解釈の例がそのことを示している。しかしながらまた否定的評価を下した局面を問題として取り上げることも可能であり、現に行われている。いずれであろうとも「知るに値する」ものとして選ばれた局面そのものは、理性的認識の対象として構築されうるのである。だからまた価値解釈は依然として学問として成立しうるのであり、ヘーゲルは価値解釈という用語を用いなくとも、まさに意味の世界をそういう学問の世界として問題にし、意味の解明につとめたのである。

（1） Weber: Wissenschaftslehre, 1968, S. 171（恒藤・富永・立野訳『社会科学方法論』岩波書店、四五頁）。

11 ヘーゲルの「経験的」認識

ところで意味や価値の世界が理性的吟味の対象となり、学問の対象となりうるということは、裏を返せば、この世が人間自身の価値の実現のプロセスとして学問的に解明されうるということを意味していたといってよい。すでに見たように、意味とか価値の世界を理解するという営みは、人間が意味や価値に関わって生きてきた姿を再現しようとする試みでもあるからだ。そうであるかぎりヘーゲルはこの世の出来事を、人間自身の精神の営みとして丸ごと捉えようとしていたといってよいと思う。

そしてそういう風に考えてゆけば、これまで見てきたかぎりでは、このような人間社会へのアプローチはウェーバーのそれと少しも変わらないということになる。実際、人間社会の問題を文化事象として、文化価値との関わりで解明しようとし、しかもそれを人間自身の営みとして「経験科学」の立場で行おうとしたウェーバーの方法は、それだけ取り出せば、まさにヘーゲルがやっていたことだといってよい。僕はそう思っている。形而上学や思弁哲学をもちだしたヘーゲルも、実は以上のような経験科学的認識を無視したのではない。むしろそういう経験科学的認識を全面的に受け入れ、獲得したうえで、そのうえでなおかつ思弁哲学的主張がなされている。そうでなければ彼の学問は学問と呼びえないものになっていたと思う。しかもヘーゲルは一方で、経験科学の独自の学問的真理の重要性を認識しながら、他方ではそれと思弁哲学（価値哲学）の相違を明瞭に認識してもいた。そのことがはっきり窺えるのは、彼の晩年の講義録である『歴史哲学』である。

ヘーゲルの『歴史哲学』は、その中で彼がそう呼んでいるように「哲学的歴史」と呼んだ方が内容に即していると思うが、とにかくこの『歴史哲学』は、歴史の究極の目標が理性の実現、あるいは自由の実現にあることを論証したもののように見える。それは一見、彼の形而上学を主張するために歴史が素材として利用されたにすぎないように見える。実際その叙述では、さまざまな歴史的事実の進行が「理性の実現」という命題を証明するために利用されていると見ることもできるのである。

しかしながら彼自身は、「歴史そのもの」と「思弁哲学」という二つの世界の真理が、全く別の根拠から成り立っていることをはっきり自覚し、『歴史哲学』の序論の多くは両者の関係の説明にあてられているのである。

そこで何よりもまず彼は、「歴史そのもの」が「経験的」なものでなくてはならないという。「歴史は現にあるものまたは過去にあったもの、つまり諸々の出来事と行為とを、ただあるがままに把握すべきものであって、事実に即してゆけばゆくほど真実のもとにとどまることになる(1)」といい、「われわれわれは歴史を、そのあるがままに見なければならない。つまりわれわれは歴史的経験的なやり方をしなければならない」(2)という。

ここで言われていることは、ある意味で単純なことであって、われわれが歴史に向かうときは、歴史上の事実を事実として受け入れなくてはならないということである。彼がこれを「経験的」と呼ぶのは、歴史的事実が価値の世界であれ感情の世界であれ、その他どのような事実であろうとも、これを人間の営みとして、しかも人間の理性によって確認できる世界として受け入れるべきだということである。それはまさにそうあるべきことであろう。

しかしながら歴史上の事実を事実として確認するという作業は、実際はそう簡単な作業ではない。歴史上の事実が、単に、あるときある人が何かをしたというような、物理的に確認できる範囲での事実の確認であるとすれば、これは単純な「経験的」認知行為ですむ。しかしながら人間の歴史が真の歴史と呼びうるのは、歴史上の事実が意味をはらんだものとして呼び覚まされたときである。いいかえると文化現象としての事実こそが歴史を歴史にしているといってよい。そうだとすれば、すでに見たように、そのような歴史は、認識者の評価行為をまって、初めて姿を現す類のものである。そしてウェーバーもヘーゲルもそういう歴史を問題にし、再現しようとしたのである。

そうすると、そこに芸術史とか法律史、あるいは宗教史といったものが現れる。それは人間自身の価値実現としての歴史である。あるいはもう少し一般的ないい方をするなら、人間が文化価値（宗教、芸術、学問、政治、道徳等々）と関わってきた歴史である。そしてそのような意味や文化価値の歴史は、すでに見たように理性によって経験的に把握されるものとして現れる。そしてもしヘーゲルがここでの経験的立場にとどまっていたなら、彼はウェーバーから批判されることもなかったし、われわれとしてもヘーゲルは分かりやすい社会科学者にとどまりえたはずである。しかしながらヘーゲルはそこにとどまらなかった。さらにその先を追求していったのである。そしてヘーゲル自身、これらの経験的な歴史叙述が、結局は思弁哲学の局面に関わってこざるをえないことを、まさに『歴史哲学』の中で説明しているのである。

（1）　Hegel: Philosophie der Geschichte, Suhrkamp, S. 20（武市健人訳『歴史哲学』上巻、岩波文庫、六二頁）。
（2）　Ibid., S. 22（邦訳上巻、六五頁）。

12　経験的認識から思弁哲学へ

彼は『歴史哲学』の序論で歴史を大きく三つに分類している。第一は「根本的歴史」ないし「資料的歴史」と呼ばれるもので、それは同時代の世界を描いた人々の歴史書（同時代史）であり、例としてヘロドトス、ツキジデス、カエサルなどの著したものがあげられている。第二のものは「反省的歴史」と呼ばれ、それはさらに四つに分類されている。それは同時代史ではなくて、文字通り過去を振り返ったものであり、ヘーゲルはその四つを「一般史」、「実用的歴史」、「批判的歴史」、「専門的歴史」と呼んでいる。そしてさらにその後にくる第三のものが「哲学的歴史、歴史哲学」となる。ところでこの第二のもののうち、四つ目にあげられた「専門的歴史」こそ、今見たような芸術史、法律史、宗教史などを扱う歴史なのである。そしてまたこの種の歴史こそ「哲学的世界史への橋渡しをなしている(1)」といわれ、その「橋渡し」の理由が次のように述べられている。

まず「専門的歴史」という意味は、民族や国家の全体を扱うのではなくて、その一部を扱うということなのであるが、ヘーゲルは、それが「一般的観点」から行われるときには「歴史哲学」への橋渡しになるという。そしてヘーゲルが「一般的観点」というものの例としてあげているのが芸術史、宗教史といったものである。つまり専門史というかぎり、例えばスポーツの歴史とか釣りの歴史とかへーゲル家の歴史といったものでもかまわないわけだが、これが「一般的観点」から行われるということは、文化現象としての大きなジャンルである宗教、道徳、法、芸術、学問といった文化価値を軸にして歴史が描かれるということなのである。そこで彼は次のようにいう。「ところが反省的歴史が一般的観点を追求するようになるとき、ここで注目すべきことは、このような一般的観点が本物であるかぎり、それはたんに外的な導きの糸、すなわち外的な秩序であるにとどまらず、むしろ諸々の出来事と行為との内的な指導精神そのものである、という事である(2)」。そしてこの場合の「指導精神」とは、ただちに彼のいう「精神」ないし「理性」であるという話になってゆく。さらにはその理性を歴史の中に認識するに至るのが「歴史哲学」ないし「哲学的歴史」だということになってゆくのである。

しかしまずは以上の引用文で「一般的観点が本物であるかぎり」とはどういうことであろうか。この辺のヘーゲルの叙述はかなりはしょっているのでかならずしも明快ではないが、僕は次のように考えている。少なくともこの引用文の前のところで彼は、専門的歴史と呼ばれる部分的な歴史も、実は民族史の全体との関連をかならずもっていることを強調している。そして全体との関係を無視して書かれたものは、外的な関係や秩序を描くことができても、民族にとって偶然的な個別性しか描けない。ところが民族全体との関係が内的に、必然的に捉えられるなら、そこに指導精神が現れるはずだといっている。以上のことからして、「一般的な観点が本物である」という意味は、各文化現象が全体の中で関連づけられるような形で把握されることだと考えられるのである。そして一般的観点による歴史考察がそのように全体の関連の中で考察され、「本物」であるなら、一般的観点そのものがそのまま「指導的精神」たらざるをえないとヘーゲルはただちに結論する。つまり「一般的観点」である文化価値の中軸に「指導的精神」を据えて歴史を考察するというスタイルにならざるをえず、そのことによって民族の歴史は全体として関連づけられた姿を現すということになる。そしてそのさいの「指導的精神」こそヘーゲルにとっては、「理性」たらざるをえないことになる。

（1）　Hegel: Philosophie der Geschichte, S. 19（邦訳上巻、六一頁）。
（2）　Ibid., S. 19（邦訳上巻、六一頁）。

13　歴史哲学の成立

それにしても文化現象の専門的歴史が本物であるなら、それはかならずや民族全体との関連をもっているはずであり、その専門史が本物であるならかならず全体との関連に及ぶはずだという主張は、どうしてそうなのか。ヘーゲルはその点については何も説明を加えていない。しかしながら、ここにこそ経験科学と思弁哲学の関連が隠されているのであり、これは重要な点である。ヘーゲルはいま見た以上の説明は加えていないが、僕はこの点について以下のように考えている。

そもそも人間の行為はさまざまな意味をはらんで生起している。例えばヨーロッパの封建時代の宗教音楽は、宗教行事として行われていたのであり、それは宗教的価値とともに存在したのは当然であるが、他方音楽そのものとしても大変おおきな価値をもっていた。宗教絵画も同様である。またさまざまな農事は、経済的営みであるとともに宗教的、道徳的意味を担わされていた。と同時に政治的意味ももちえたし、それがお祭りの行事として行われるときは、舞台芸術的な意味ももっていた。われわれのさまざまな営みは、何か単一の領域での意味しかもちえないということは本来ありえないとみてよいのである。

そうだとすれば、何か単一の文化局面の歴史を再現しようとしても、その局面のもつ意味を充分解読しようとするなら、そのためには他の文化との関連を扱わざるをえなくなる。音楽史の中で宗教音楽を扱うとき、もちろんわれわれはそれを音楽美というカテゴリーからさまざまに評価し、位置づけることはできるが、さらにその音楽が当時人々にとってどういう意味をもっていたかというところまで話を進めてゆけば、音楽美のカテゴリーだけでこれを評価してすますわけにはゆかない。例えば宗教音楽のもつ美の特質そのものが、世俗音楽に比べてある偏りを示していること自身が、実は音楽が宗教的価値によって支配されていたことを示しているといってよい。要するに、ある時代の教会音楽が人々にとってどういう意味をもっていたかということは、音楽美そのものとしてどういう性質のものであるかを解明することであると同時に、その音楽が彼等の人生にとって、宗教的、道徳的にどういう意味をもっていたかが解明されて、初めて完全な意味が明らかになる。『若きヴェルテル』は文学史上の大事件であるだけでなく、思想的、道徳的、宗教的にも大きな事件だった。まして宗教的事件や政治的事件はその社会の人々に対してさまざまなインパクトを与え、さまざまな意味をもってきた。それゆえ、たとえ「専門的歴史」であろうとも、それが「本物」であろうとするなら、それはその時代、その社会との関連を問題にせざるをえないとヘーゲルはいうのである。

そういう風にみていくと、今度はそういったさまざまな文化現象を究極的に支える価値理念として、例えば「時代精神」のようなものが浮かびあがってくる。ヘーゲルはその箇所では「時代精神」をあげずに、いきなり「精神」とか「理性」こそが「指導精神」であると一直線に話をもってゆくが、そこへ行くまでに中間項としてディルタイのように「時代精神」をあげてもよかったはずである。例えば中世では「カトリック」、一八世紀には「啓蒙主義」、その後は「ロマン主義」といった風な「時代精神」を想定することもできる。さまざまな文化を支え、全体としてそれらを統合する価値理念を想定するなら、そういう「時代精神」のようなものを、それぞれの時代の「指導精神」と呼ぶこともできるであろう。そしてそれらの各時代の「時代精神」の展開をしからしめるさらに高次の「指導精神」を探求すれば、それが形容詞抜きの「精神」であり、「理性」であるという風になるのではあるまいか。そしてそこまできたとき、専門的歴史はすでに「歴史哲学」そのものになっている。

14　ヘーゲルとウェーバー

とはいえそこまで来ると、話はすでに思弁哲学の領域に入ってしまったことになる。そこでもう一度立ち止まって考えてみる必要がある。これまでの進行は、歴史の考察が無理なく思弁哲学に移行したように見えるが、実はある時点で経験科学では説明しえない領域に足を踏み入れていたのである。それはある文化現象のさまざまな価値相互の関連を問題にして、そこに何か「指導精神」と呼びうる統合的な価値を見いだそうとする局面である。

ある事象を捉えて、それを芸術（美）という価値に関連づけて意味を解明することは、「経験的」になしうることであることはすでにみた通りである。そうであればこの同一の事象を宗教（神）という価値に関連づけて考察することも、同様に「経験的」になしうる。しかしながら、それらの価値相互の関係を最終的に決定づけ、それらを統合する価値理念がどこに存在するのかを考察することは、すでに「経験的」な領域を越えている。

例えばそういう問題に立ち至ったとき、宗教家であれば、たとえ歴史解釈であろうとも宗教的価値を最高位において、そこから歴史事象の意味づけをするであろう。さまざまな文化現象は究極的には神との関係で位置づけられる。それに対してヘーゲルは、まさにこの世の指導精神は理性にあると考える。したがってヘーゲルの場合、歴史上のさまざまな文化現象は、理性が己の本質である「自由」を実現するプロセスの一翼を担うものという位置づけを得ることになる。ところが、そういった位置づけは、歴史を「経験的」に捉えてゆけばおのずと得られるわけではない。

いうまでもなく歴史上すべての文化現象は「理性」の自己実現という意味を担っているとヘーゲルは主張するのだが、そういう主張が学問としてなされうるには、すべての根拠が「理性」にあるということが、歴史を越えて学問的に論証される必要がある。そしてそういう根拠づけを行う学問をヘーゲルは「思弁哲学」と呼んだのである。そしてまたヘーゲル自身、この思弁哲学の命題が「経験的」な「歴史」とは別の根拠をもつものであることを知っていた。

そこで『歴史哲学』の序論でヘーゲルは「世界史においても一切は理性的に行われて来た」というような「この確信と洞察とは歴史そのものに関していえば一個の前提であり、哲学そのものの中にあっては何ら前提とはいえないものだ[1]」といい、「理性が実体であると共に無限の力である……という事は、哲学の中では思弁的認識によって立証される[2]」という。そこで彼は、彼自身の『歴史哲学』では、この理性支配の命題をすでに哲学で証明されたものとして用いるが、読者に「このような

信念を前もって要求すべきではない」ともいうのである。(3)

つまりヘーゲルは「経験的」な「歴史そのもの」と「思弁哲学」との区別をはっきりさせたうえで、『歴史哲学』を展開したのであり、『歴史哲学』の編者であるE・ガンスがいうように、『歴史哲学』は「思弁的な力を自由に駆使するものであるにもかかわらず、経験と現象との権利を認める」とともに「一切の歴史的存在を公式の枠にはめ込むことをしな」かった。(4)この辺のヘーゲルの方法認識には、いささかも曖昧な所はない。彼はのちに起こるであろう批判をすでに予期していたかの風さえある。

とはいえ、これまでの考察は人間の歴史を尋ね、その意味を尋ねていけば、かならず文化価値相互の問題にぶつからざるをえないことを示している。歴史事象の意味を解き明かそうとすれば、かならずやその人の価値観や人生観が働き出さないかぎり、最終的な意味づけができないことを示している。文化事象を対象とした文化科学が、根本においてそういう構造をもつことを最も先鋭な形で明らかにしたのがM・ウェーバーであるが、ヘーゲルもそのことを充分承知していたといってよいのである。

ところがウェーバーが、文化科学の視点を支える人生観がもはや人々の間で一致を見ることができず、神々が対立する時代になったと宣言したのに対し、ヘーゲルはあくまで自己の思弁哲学を唯一の真理だと考えた。そこに決定的な相違が生まれる。だからウェーバーは、この点でヘーゲルの流出論を徹底的に批判したのである。しかし文化事象についての認識構造そのものや、経験科学と価値哲学(思弁哲学)の区別に関しては、両者は一致していると見てよいと僕は思っている。

（1）　Hegel: Philosophie der Geschichte, S. 20（邦訳上巻、六三頁）。
（2）　同右。
（3）　Ibid., S. 22（邦訳上巻、六五頁）。
（4）　Hegel: Vorlesungen über die Philosophie der Geschichte, hrg. von H. Glochner, Stuttgart-Bad Cannstatt, 1971 Friedrich Frommann Verlag, S. 9（邦訳上巻、三五頁）。

15　ヘーゲルの難解さ

いずれにせよヘーゲルは「経験的」な「歴史そのもの」と「思弁哲学」をはっきり区別し、歴史にとって哲学的命題は「前提」にすぎないという。「歴史哲学」の受講者に「理性が指導精神である」という命題を「前もって要求すべきではない」という。にもかかわらず、彼の『歴史哲学』は、結局「歴史」が「理性の実現」のプロセスであったことを論証する形になっている。最後にこのことをどう考えたらよいのであろうか。

確かにヘーゲルが両者を統合したことは、一見二つの学問を峻別した自分の方法的立場と矛盾するように見えかねないが、決してそうではない。むしろ両者は統合さるべきなのである。そうでなかったら彼の思弁哲学そのものが破綻することになるからである。一般的にいっても、この世についてある信念を得た人が、歴史を紐解いたときその信念が揺るがされることになれば、その信念は信念として持続できない。自身の信念や価値観は経験的事実と一致しなければならない。その点はヘーゲルとて同じことである。そこでヘーゲルは、理性があらゆるものの根源であるという命題を受講者に「前もって要求すべきではない」といいながらも、すぐそれに続けて、この命題は「われわれがこれから行う考察の成果と見るべきものである」[1]ともいう。歴史の経験的認識と思弁哲学の間に矛盾があってはならないのは当然のことであり、彼はあの『歴史哲学』の中で、まさに経験的歴史事実を思弁哲学の命題でもって見事に解釈していったのである。

ただ思弁哲学の命題が、あらゆる文化現象を統合する究極の価値を求める学問であるとすれば、これはあらゆる人間生活を含めて、「人間精神自身」の考察から得られるものであり、それは歴史的事実の経験的認識とは一応別の根拠づけを必要とする。そのことをはっきり知ったうえでヘーゲルはいうなれば経験科学と思弁哲学の統合をはかったとみるべきである。

これでヘーゲルの思弁哲学と経験科学の関係がある程度見通せたと思う。少なくともヘーゲルの晩年の講義『歴史哲学』は、われわれにとって充分理解可能な構造をもつに至ったと見てよい。

ところで以上のような学問のあり方から『精神現象学』を振り返ってみると、『精神現象学』は、まさに一方の軸をなしている思弁哲学そのものである。そしてそこでは、あらゆる事象の根源が精神、あるいは理性にあるということが説かれる。つまりこの世のあらゆる事象の最終的な意味の担い手(価値)へ向けて一直線に探究が行われていく。それは単に経験的事象の確認作業であるよりは、その背後でそれを支える「意味」を探究する作業である。それは言いかえると人間を支える究極的な価値はどこにあるかを考察する学問であるといえる。そしてそれが言葉によって命題化されうるかぎり、理性的認識の対象になりうることはすでに見た通りである。しかしその認識はまた、相手が価値であるかぎり、認識者の評価行為を抜きにしてはありえないこともすでに見た。

彼があくまで学問の場で、誰もが修得可能な学問の場で自己の哲学を展開したにもかかわらず、彼の『精神現象学』が『歴史哲学』のような明快な構図を示しえなかったのは、さまざまなレベルで人間の評価行為を必要とする世界の中を突き進んでいったからではあるまいか。新しい意味の世界がどんどん現れてくる描写は、実のところわれわれ自身に、新たな価値評価の経験を強いているのであり、その経験を真にくぐり抜けるには、われわれはさまざまな価値の世界に入ってゆけるだけの価値への感受性を要求されているのだと思う。

ここでこの章の冒頭の問題に最後に触れておけば、「誰もが納得できる命題」というものはそれが価値評価を含むものであるかぎり、自然科学のような形では存在しえない。思弁哲学の世界での「誰もが納得できる命題」といったものは人生そのものへの感受性、とりわけ人間を支える価値についての深い感受性をもたないかぎり容易に理解できるものではないだろう。おそらくそこに、ヘーゲルの叙述の根本的難解さがあるのである。

（1）　Hegel: Philosophie der Geschichte, S. 22（邦訳上巻、六五頁）。

第3章　感覚の働きについて

1　「知ること」の意味をたずねて

ヘーゲルはあらゆる事象の意味を問うた。そしてその意味が理性によって解明され、それに応じて事象（対象）が透明になってゆくことにいい知れぬ歓びを感じていたはずだ。その歓びを最も感じさせる著作こそ『精神現象学』である。その『精神現象学』を執筆するにあたってヘーゲルが最初にその意味を問いかけたのが、人間の認識行為だった。まず彼は人間が意識を働かせ、感覚や知覚や悟性を働かせる姿を目にして、いったいここで何が起こっているのか、それらの認識や認識能力は、それぞれどのような意味をもっているのかと問うたのである。いいかえると人間のさまざまな段階でも「知ること」の「意味」をたずねていったわけである。

彼はその時、すでに述べたように、誰もが納得できる、修得可能な形でその意味を明らかにしようとしている。決して何かを前提することなく、僕等の中で働いている平易な知的能力で一つひとつ「意識の経験」をたどれば、おのずと人間の精神のありさまが分かると思っていた。それをたどれば、「精神」が己の力で自己を展開し、実現してゆく姿が見えてくるはずだと考えている。しかも精神が自己を展開するというとき、何といってもその中心にあるのは理性である。精神の中核に理性があり、それが精神を精神たらしめていると彼は考えていたからである。

そして精神がおのれを展開する端緒になるのが、彼のいう「意識」である。「主観的精神」として初めて目覚めた「意識」は、いわば動物とほとんど変わらない認識レベルである「感覚的確信」から出発して、「知覚」、「悟性」へと人間に固有の認識能力を深めていき、遂に「自己意識」が現れ、さらに「理性」そのものが姿を現すという風に考えられている。このプロセスは、人間の認識能力が深まり高まってゆくプロセスとして描写されているのだが、その描写自身が、それぞれの認識行為の意味の解明であるといってよい。そういう観点からヘーゲルの叙述をみていくと、これらのプロセスが、いつも究極の価値である「理性」とどう関わるかが問題にされて、そういう視点から、これらの認識行為が位置づけられているように思われる。それぞれの認識行為が、理性という価値をどの程度実現しているか、その距離が測られ、その段階が位置づけられている。そして各段階への移行のプロセスが弁証法と名づけられたのである。

この本ではそのさまざまな段階のうち、「意識」(感覚的確信、知覚、悟性)と「自己意識」だけを問題にするが、いずれも以上のような意味での「意味解明」としてそれぞれを検討してみたい。

2　精神とは

ただそういう検討を行うにさいして、彼のいう「精神」の本質（あるいは「理性」の本質）がどういうものかを確認しておきたい。その精神の本質とのかねあいで、それぞれの認識行為が位置づけられるからである。

彼が「精神」と呼ぶものの本質は二つの要件からなっていると思われる。一つは、精神は「観念化」を行うということである。「精神が精神であり、また精神になるのは……外面的なものの観念化による」(1)のである。この場合「観念化」とは、現実を観念によって「見通す」ことであり、世界が「透明」になることであり、その現実が目の前になくとも現実が「知」として自分のものになるということである。例えばこの知のおかげで、僕等は本を読むことによって車の運転もできるし、すでに獲得した観念のおかげで予想された危険から身を守ることもできる。実際、僕等が「現実」と呼ぶものは、現実そのものであるよりは、自分の中に観念として獲得されたもの（知）であり、それを現実と呼んでいるにすぎないともいえるのである。「観念化」とはそういう「知」を獲得することである。

もう一つは、精神が「主体」であるということである。精神をもつものは、それを持たない鉱物や植物に比べて、自らの意志で行動する。動物も自ら行動するが、ヘーゲルに言わせれば、単に外からの刺激に対して受動的に「反応」しているにすぎない。主体であるということは、文字通り、自らの主であるということであり、それは他のものによって支配されない「自由」な意志をもっている、ということである。その点、動物は自分の意志で制御しえない本能によって衝き動かされているにすぎないとヘーゲルは考える。そしてこの「主体」であるという要件は実は第一の「観念化」という要件と密接な関係がある。「観念化」によって、人は外界も自己をも見通すことができるようになり、そのことによって人は外界や自己からの規定性を脱却し、自由を獲得すると考えられるからである。そしてこのような「観念化」と「主体性」（自由）という働きを行使する能力をヘーゲルは「理性」と呼んで、理性が精神の中心的な働きを担っているという風に考えているのである。(2)

そういう風に見ていくと、「意識」を扱ったところでヘーゲルは、意識の各段階が対象の「観念化」をどういう形で、どの程度行っているかを中心に考察しているといってよい。少なくとも、ここではそういう視点から、彼の叙述を検討していくことにしたいが、この章ではとりわけ「意識」の第一段階である「感覚的確信」を彼がどう捉えていたかを見てみたい。

（1）W. F. Hegel: Enzyklopädie der philosophischen Wissenschaften, Ⅲ, Suhrkamp, S. 21（舟山信一訳『精神哲学』上巻、岩波文庫、二八頁）。

（2）精神が「主体」であることは、さらに精神が何ものかを生み出す創造主体であることを意味する。この点も精神のもう一つの局面として指摘すべきだろうが、僕自身の分析視点を明確にするために、ここでは「観念化」と「主体性」（自由）に論点を絞った。

3 「意識」とは

まずは「意識」と呼ぶものが、ヘーゲルの体系の中でどういう位置を占めていたかを確認することから話を始めたい。

周知のように『エンチクロペディ』（精神哲学）においてヘーゲルは、人間が一個の主体として周りに働きかけ、これを認識しようとする働きを「主観的精神」と呼んでいる。そしてこの主観的精神が、まさにその働きを初めて顕在化した段階が「意識」と呼ばれているものだとヘーゲルは考えていた。この場合の「意識」という用語法は、僕等が「何ものかを意識する」という時の用語法と少しも変わらないと考えていいが、実際に彼がこの用語法で念頭に置いていたのは、自然界の物的対象に直面したときに働くわれわれの「意識」のことである。つまり五官で確かめられるような対象に対してもつ意識であり、それらを認識しようとするときに働く意識的能力のことなのである。具体的にいえば感覚的確信、知覚、悟性のことである。例えば「そこに蟻が這っている」とか「そこにバラが咲いている」と五官で捉えた時の意識であり、それらを知的に認識しようとする時に働く能力のことである。「意識」の中でも「悟性」の段階になると、社会の「法則」を認識対象にするという話も出てくるが、ともかく『精神現象学』での「意識」（『精神哲学』では「意識そのもの」）の対象は主として「自然」を念頭においている。ヘーゲルがここで「意識」をそういう働きに限定したのは、人間同士の「他人への意識」や、「文化事象に対する意識」は、同じ意識でも精神そのものの働きが全然別の意味を帯びてくるからであろう。例えば文化事象を認識対象とした場合には、「意識」が働いているとしても、精神自身による精神自身の認識という側面が現れてきたりするからである。だから例えば、人間精神を直接相手にする「直観」や「表象」の働きは「意識」とは呼ばれないのである。彼はそのことを明示的に述べているわけではないが、彼が「意識」の項目で論じている内容やそれ以後の議論の展開から見れば、彼の言う「意識」は主として「自然」を認識対象としたものであるといって差し支えないと思う。いいかえるとカント哲学が扱った意識の領域である。(1)

ところで、主観的精神が顕在化した最初の段階として自然界に立ち向かうこの「意識」は、周知のように三つの段階を経過してより深い認識へと進んでいくとヘーゲルは考えていた。いうまでもなくその三つの段階が、感覚的確信と知覚と悟性であるが、その発展段階は、認識対象が五官で確かめられうる個別的なものから、目に見えない一般的、観念的なものに変化するに応じて、人間の認識能力も、より高次なものが現れるという風になっており、そういう構図の中で感覚的確信と呼ばれるものは、人間の認識能力としては最も原初的で低次元の能力であるという位置づけがなされているのである。以上の構図を念頭において「感覚的確信」と彼が呼ぶものを具体的に見てゆきたい。

(1) カント哲学が、ヘーゲルから見れば「意識」の領域の認識論であったことは、ヘーゲル自身が明言している。Hegel: Enzyklopädie, Ⅲ, S. 202(邦訳下巻、一五頁)。

4　感覚は知か

われわれが世界と接するのは、何よりもまず五官による。感覚器官を通じて世界に関わるのであり、感覚器官を通して初めてこの世界を知るという経験が始まるのである。それはまさにヘーゲルのいう通りであろう。

しかもそこで感覚された世界は、まことに豊かなものである。僕等は一本の木を見る。その木は太陽の光の下でさまざまな色合いを見せ、形を見せ、風になびいている。色、形、音、香り、感触、すべてが無限の豊かさをもって感じとられている。しかもその感覚は単にいま言った外的感覚だけではない。それは、爽やかな風から感じられる心地よさであり、活き活きとした気分であり、あるいはどこか不安に曝されるような気持であったりする。そういういわば内的感覚もまた同時に存在して、それがまた無限の多様性をはらんでいるに違いない。いずれにせよ感覚されたこれらのものは、まことに豊かな内容をはらんだものであるはずだ。

そこでこのように感じられたものすべてを一つの知であると考えることができる。「感じる」という形であっても、僕等は間違いなく「その木」を「知っている」のであり、豊かに捉えているからである。頭をぶつければ血を出すに違いない木が目の前にあることを「知っている」のだ。だから、そこで捉えた姿こそ対象の真実を完全に捉えた知であるという主張さえ成り立ちうる。なぜなら、知性によって抽象されたり、何ものかが付け加えられたような認識は、むしろ対象を修正し、加工した観念的産物にすぎないともいえるからである。そこで感覚によって捉えたものこそ、対象を丸ごと捉えた真の知であるという主張が成り立ちうると考えられるのである。

それはそうなのだ。ヘーゲルもある意味でそのことは認めている。ヘーゲル自身、感覚的確信のことを「直接的な知」とも呼んでいる[1]。「感覚的確信は、その具体的内容から見て、そのままで最も豊かな認識であり、いや無限に豊かな認識であるように思えたりする」し、「感覚的確信は、対象からまだ何物をも取り去っていないし、対象を全く完全な姿で見ている」わけだから、この「感覚的確信は、最も真実なものと思えたりする」[2]というのだ。

しかし彼は、その豊かに感じられたものがほんとうに「知」と呼べるものか、とすぐさま問い、これに真っ向から反論するのである。彼は今引用した文章に続けて、この感覚的確信が一見、最も豊かな知であるように見えても「実際には最も抽象的で最も貧しい真理である事を、この確信はみずから示すことになる」というのである。ヘーゲルはいきなりこのように言い切ったあと、「感覚による把握」の実際を次々と吟味してゆき、この感覚的確信がまことに貧しい真理、つまり「ある物がそこに在る」ということしか真理（つまり「知」）としては主張しえないことを論証しようとしたのである。

その論証は次節で詳しくみるが、端的にいえば、感覚が捉えたものを一つの知として言葉によって示そうとするかぎり、それは一般的観念（色、形、感触等々の観念）を使わざるをえないということであり、そうであるかぎり知的抽象化を必要とするということである。別の言い方をするなら感覚で捉えたものを丸ごと確保しようとするなら、それは知ではなくて「確信」にとどまるし、もしそれを知として主張しようとするなら、おのずと「知覚」という知的認識操作（抽象化、一般化）に移行せざるをえないということである。

（1） W. F. Hegel: Phänomenologie des Geistes, Suhrkamp, S. 82（『精神現象学』樫山訳六七頁、長谷川訳六六頁）。

（2） 同右。

5 流れゆく感覚

ともかくヘーゲルは感覚作用の中に一切知的要素を認めていない所から話を始めている。あとで見るように実はそこにこそ大きな問題がはらまれているのだが、まずはヘーゲルにならって、感覚が感覚としてのみ機能し、そこに知性や理性といった知的作用が一切関わらない状態を想定してみよう。そのときいったい「感覚的確信」はどんな形で存在するのであろうか。

そのとき一切の知的要素が働かないということは、感覚する主体である自我は、そこに一切の表象（観念）や思惟を働かせていないということであり、対象そのものを抽象化とか一般化というような知的作用によって加工しないことだと考えられる。そうだとすればそのとき対象は、主体にとってはさまざまな色や形、音、感触といった単なる感覚的反応の寄せ集めとしてのみ存在し、また主体である自我はそれらを五官で感覚するにすぎない主体として対峙していることになる。対象と主体がこのように感覚器官によってのみ結ばれている関係を彼は「直接的関係」と呼ぶ。そしてこのような関係の下に存在する対象や主体を「直接的な存在」と呼ぶのである。

ではいったいそのような直接的関係にあるとき、感覚は対象をどのようにして捉えているのであろうか。そもそもそれは認識と呼べるような営みなのであろうか。少なくとも感覚作用に一切の知的操作(観念化、一般化)が含まれていないと仮定するなら、それは何か感覚作用の流れのようなものがあるにすぎないのではなかろうか。なぜなら、感覚される対象は一瞬たりとも同一の状態にとどまることはありえないし、感覚する主体もまた同一のものにとどまりえないからである。知的操作をぬいた感覚作用だけをとりあげるなら、対象も時々刻々に変化しているはずであり、主体の側から考えてみるなら、そこには時々刻々に変化する感覚作用の流れがあるにすぎないことになる。ヘーゲルの言う「直接的関係」をつきつめてゆけば、そういうことになるはずである。ヒュームが想定した認識の端緒もこういうものだった(1)。

ヘーゲルは「直接的関係」がそういうものであることを明示的に主張してそれを出発点に話を組み立てるようなことをしていないが、ある時点では、感覚による対象把握がそういうものにならざるをえないことを知っていたように思われる。たった一カ所であるが次のような文章があるからである。感覚によって捉えられる「この一者は、今は偶然私の意識の中に入ってくるが、次には再び私の意識から消えていくものである(2)」。

ともかく一切の知的作用を排除した感覚は、以上のように感覚作用の流れとしてしか存在しえないであろう。にもかかわらずこの感覚で捉えたものを一つの知として提示するとすれば、いったいどんな形でそれが可能なのか。ヘーゲルは本来それは不可能だと言っているわけだが、とにかく彼の推論を次に見てみよう。

（1）拙稿「思考における感情と理性の役割――D. Hume の場合――」神戸商船大学紀要第一類・文科論集、一九九二年、第三九号の「2　ヒュームの認識論」。
（2）Hegel: Enzyklopädie, Ⅲ, S. 207（邦訳下巻、二四頁）。

6　最も貧しい知

まず感覚による対象把握が一時としてとどまることのない感覚作用の流れであるにもかかわらず、この感覚によって捉えた「この木」を一つの知として、しかも豊かな内容をはらんだ一本の木として示そうとすればどうなるか。

何よりもまずわれわれは時間を静止させ空間を特定させて「この木」を提示しなければならない。一般的に言えば「このもの」を提示しなければならない。ところで五官に感じられた内容豊かな対象である「このもの」をとりあえずは、最も単純に示すとしても「いま」と「ここ」という言葉で時間と空間を特定する必要がある。

ところがこの場合「いま」という言葉がすでに知的操作によって生み出された一般観念である。「いま」という言葉は、朝でも昼でもありうるし、あるいは一日でも一秒でもありうる。それは指示された時点での時間帯を一般化した観念にほかならない。「ここ」も同じことであって、それは広くも狭くもあり、あっちでもこっちでもありうるとともに、それが眼前にあるときに指示された「空間」についての一般観念である。

そうだとすれば「いま」も「ここ」の指示もすべて一般化という知的作用ぬきではありえないことになる。まして感覚が対象の中に感じ取った多様な性質を言葉で提示しようとすれば、それはすべて一般的観念（色、形、臭い、味、感触）によって表現するほかはない。

そこでせめてそういう一般的観念による規定を避けて、主体の感じた事物の存在を丸ごと「このもの」という言葉で提示しようとしても、この言葉自身もまた一般的観念でしかありえない。「このもの」は木でも花でも岩でもありうる。すべて目の前にあるものを一般化した観念が「このもの」だからである。

「もちろんそのときわれわれは一般的なこのものとか、存在一般を心の中に描いているわけではないが、しかも（「このもの」という言葉によって）一般的なものを言い表しているのである。いいかえるとわれわれはこのものを、感覚的確信において思い込んでいる通りの、そのままには語っていないのである」。だから「いま」、「ここ」、「このもの」といった一般的観念である「言葉の中で、われわれは、われわれの思い込みにそむく」[1]ほかないことになってしまう。

要するに感覚でどれほど豊かなものを感じとっていようと、これを一つの知として他者に伝えようとすれば、一般的観念（言葉）を使わざるをえないのであり、その一般的観念を「このもの」という一つの言葉に限定してみても、「このもの」という言葉は結局そこに「或るものが在る」ということを表現しうるにすぎない。だから感覚的確信は「実際には最も抽象的で最も貧しい真理」、つまりただ「在るという事しか言わない(2)」ということになるのだ。

言いかえると人間が感覚によって捉えたものはいわば無限の豊かさでもって「直観」されているとしても、これを一つの「知」として伝達しようとすれば、かならず一般化という知的作用を必要とするということが主張されている。ということはまたヘーゲルの体系においては、自然界という現実が現実として捉えられ、自然界が主体をとり囲む「対象世界」として姿を現すのは、あくまで知覚という観念的操作が行われた段階になる。感覚器官の働きに一切知的操作を認めなければ、論理的必然としてそうならざるをえないのである。

すぐあとで見るように僕自身は、感覚的確信は文字通り豊かな知でありうると思っている。僕等は間違いなく、そこに木が豊かな姿で立っていることを知っているからである。そしておそらくヘーゲルもそれをある意味で認めていながら、彼は依然としてそれは最も貧しい真理にすぎないという。それはいったいどうしてそうなったのか。

そういう風に問いを立ててみるなら、彼が「真理」とか「知」とかいう場合、そこに彼独自の意味が込められていて、その観点からあの感覚的確信の内容を見た場合、それがどれほど豊かなものに見えようとも、真の意味で知とか真理とか呼べない、という風になっているのではあるまいか。

(1) Hegel: Phänomenologie des Geistes, S. 85 (樫山訳六九頁、長谷川訳六九頁)。
(2) Ibid., S. 84 (樫山訳六七頁、長谷川訳六六頁)。

7 ヘーゲルの「知」

ではヘーゲルにとって「知」とはいったい何であろうか。それは、すでに見たように、あくまで理性によって把握されたものでなくてはならない。つまり理性によって吟味されうるもの、つまり「観念化」されたものでなくてはならない。具体的にいえば、知なるものは「言葉」という「一般的観念」によって命題として述べられるものでなくてはならないし、言葉によって伝達可能なものでなくてはならない。そしてこのような「知」の概念から見たとき、感覚的確信がいったい「知」と呼べるかどうか、そこの所にヘーゲルは焦点をあてる。そしてそういう観点から感覚的認識を吟味してみるなら、それはほとんど知とは呼べないものだという話しになっていくのだ。言いかえると感覚的確信は、認識行為の中でも最も観念化の少ない、というより観念化をまだなしえない原初的なものであり、理性から最も遠いところにある精神であることになる。

しかしながらそもそも人間の感覚はヘーゲルが想定したように一切の知的操作(観念化)をもたな

いものであろうか。もし感覚器官の働きが刺激に対する単なる生理的反応の流れにすぎなかったとすれば、どうして動物は獲物を捉えることができるのであろうか。彼等は、小川を泳いで渡り、木を登り、獲物を待ちぶせする。相手が自分を威嚇するのを知り、あるいは好意をもつことさえ察知する。動物は要するに、この自然界を明らかに「知っている」のである。これらの動物の行為を単なる刺激に対する生理的反応とみなすことはできない。動物はあれが水で、これが木で、あれが小動物で、あれが手に負えない強い動物であることを知っているのであり、しかもそれらを取り囲む地形さえ知っている。あえて言えば時間と空間のカテゴリーさえ知っている。あるいはあの枝まで行けば、枝は折れて、自分も地上に落ちるであろうと、因果関係の認識さえやっている。そのうえ、相手の動物の表情から敵意をもっているか、そうでないかをも認識している。哺乳類に至っては、個体の認知も充分行っている。つまり様相や実体といったカテゴリーさえ知っている。動物はまぎれもなく自然界について「知っている」のである。彼等は確かにヘーゲルが一般的観念と呼ぶところの「言葉」を知らないが、彼等は明らかに自然界のさまざまな物を、ちゃんと対象として認識している。その存在を知っている。彼等のそういった知は、知とは呼べないものであろうか。

8　感覚と知

僕は問題を先鋭化するために動物がすでに自然界を「対象化」し、これを「知っている」のではないかという疑問を提出したが、これを哲学の認識論の問題として提出し直せば、人間の感覚とか感性とか呼ばれるものが、ヘーゲルのいうように知と呼べないものかどうか、そのことに疑問を提出したいのである。感覚とか感性と呼ばれるものは、実はヘーゲルが考えていた以上に、はるかに大きな認識能力を形成しているのではないか。ヘーゲルがこの領域を見落としたがゆえに、ヨーロッパ哲学の長年の肉体と精神の二元論から抜け出せなかったのではないかと思われるのである。あるいは逆に二元論の前提にあぐらをかいていたがゆえに、感覚や感情の広大な認識能力を無視することになったといってもよい。いずれにしても、感覚、感性の人間にとっての位置づけについて、ヘーゲルは根本的に何かを見落としていたように思えるのである。

このような問題を考えるにあたって、ヘーゲルは確かに巨大といってよい知的遺産を残した。それは主観と客観の弁証法である。それは言うまでもなく、主観（主体）と客観（客体）が生まれてくるのは、相互に媒介されることによるのであって、いずれかが一方的に他方を生み出したり、あるいは最初から別々のものとして存在したりするようなものではないという主張である。別の言い方をすれば、どのような認識にしろ、それが生まれるのは主体と対象の相互媒介、あるいは主体からの対象への働きかけによるという主張である。周知のようにこの弁証法はさまざまな局面で展開されている。すでに触れたように、「感覚的確信」から「知覚」へと進む段階でも、この弁証法が働いているとヘーゲルは考えて、それを具体的に展開して見せているのである。

しかしながらそのように言うのであれば、すでに感覚や感性の段階で、主観と客観の弁証法が成り立っていたのであり、感覚や感性の段階で、ヘーゲルが想像もしなかったような、主観と客観の相互媒介と分離が生じ、したがって、そこに「知」と呼んでよい広大な世界が形成されていたと考えられるのである。別の言い方をするなら、「言葉」を使わずとも「観念的所有」と呼んでいい営みがすでにそこで成立しているのである。そのことを最も明解に示したのがチャン・デュク・タオである。(1) そしてまた日本では、タオやメルロ・ポンティ、あるいはヴァレリーを吸収してこれらの世界を考察したのが市川浩氏である。(2) ここではとりあえずタオを参考にしながら、感覚の世界が一つの知の世界でもあることを述べたい。

（1）　Trần Đức Thảo: Phénoménologie et matérialisme dialectique, Editions Minh Tan, Paris, 1951（竹内良知訳『現象学と弁証法的唯物論』合同出版）。
（2）　市川浩『精神としての身体』講談社学術文庫。

9　犬は知っている

ほんとうを言うとタオの主張は、まさにヘーゲルの思考法をそのまま受け継いだものである。実際タオは、明らかにヘーゲルの感覚的確信（訳本では「感性的確実性」）という言葉を使いながら、「感性的確実性の生成としての動物的行動の弁証法」という章で、動物の意識の弁証法を展開してみせたのである。そしてその表題が示すように、タオの場合、「意識」の大部分は、感覚的確信（感性的確実性）を意味している。そして動物が「対象の意識をもつ」ということは、とりもなおさず「対象を観念的に所有する」ことだと彼はいうのである。(1)そういう「観念的所有」はまさに動物の段階、いいかえれば感覚の段階でさまざまな段階を経ながら展開してきたと彼はいう。いいかえると、タオは「感覚的確信の生成」を「観念的所有の生成」として捉えたといってよいのである。

タオ自身の言葉を引用すると、対象の観念的所有は次のような形で生ずるという。「私がこの木を見る時、私は、私のなかの実践的可能性——たとえば近づいたり、遠ざかったり、まわりをまわったり、よじ登ったり、果物を摘んだり等々する可能性——の地平を描き出す反応の総体が素描されるのを多かれ少なかれ漠然と感ずる。対象の体験された意味、対象の私にとっての存在は、対象的所与によって素描され、直接的に阻止され、あるいは抑制されたこれらの行動において感じられ、体験されるこれらの可能性そのものによって定義されるが、現実的作用は、ここではたんなる眼球運動的適応に還元されてしまう。意識は、対象についての意識としては、まさにこれらの阻止された素描の運動そのものにすぎない」。そしてこの「対象の意識」こそが「対象の観念的所有」だというわけである。(2)

訳文であるため多少分かりにくい構文になっているが、それはこういうことである。われわれは何よりもまずこの眼で、目前の木を見る。そのとき僕が画家であれば絵の素材として、色と形と生命体としての息吹を何よりも感じとるであろうし、植物学者ならそのさまざまな生態に関心をもつであろう。しかしそういう職業的な関心が生ずる以前に、われわれは一個の生き物としてこの木を眼の前にした時、生き物としてのわれわれの五官は木を感覚し、捉えている。そういう最も原初的な自然との対峙の中でわれわれが木を目前にしたとき、しかもその木に対して何らかの行動を起こす前にこの木を目前にしたとき、この木はわれわれの意識にどういう形で現れるかをタオは考えているのである。

そのとき木は、五官を通してわれわれにさまざまな行動の可能性を想起させる。「たとえば、近づいたり、遠ざかったり、まわりをまわったり、よじ登ったり、切ったり、果物を摘んだり等々する可能性」である。つまり対象が意識されるということは、対象が五官の働きを伴った肉体的実践の可能性として身体全体によって感じられ、想い起こされることであって、それはヘーゲルの言う「知覚」を全く必要としないということである。言葉も必要としないということである。われわれは「知覚」を働かせる以前に、われわれの身体が五官を通じて木の体験を直接想起し、身体が体験された木を素描するのである。この時、いまこの身体が実際に行動を起こすわけではない。現実に働いている身体は眼球の運動だけである。しかし身体が現実に動かなくとも、身体の筋肉は無意識のうちに木のまわりをめぐり、果実を摘む運動を素描しているということだ。そのときザラザラした木の肌を手で素描して感じているのであり、手足の筋肉は木を登り、梢で足が落ちそうになる緊張を素描しているのである。

しかしそのとき素描されるのは、このようなさまざまな特色をもった物体としての木だけではない。木によって「体験された意味」はそういう物体としての特性だけでなく、それが生き物としての私にとって有益であったり、有害であったりする体験も含まれている。うっかりすると棘で刺されることもあり、雨の時は雨をしのぐ場を与えてくれ、秋になれば果実を与えてくれる場ともなる。そういった「意味」も同時に感覚され、素描されるのである。目の前にあるものが川であろうと岩であろうと同じことがいえる。そしてまたそれが猛獣であったり小動物であれば、素描される体験内容ははるかに大きなインパクトをもって素描され、意識としても生成される。つまり「体験された意味」というのは、物体としての特性のみならず、それらが自分にとって好ましいか好ましくないかという感情的評価を含んだものとしても意識されるということである。

このように五官によって捉えられた「意味」の総体こそが、タオのいう「意識」であるが、それは言うまでもなくヘーゲルの言う「感覚的確信」の内容をなすものである。そうだとすれば、それはまた、言葉を伴わずとも「観念的所有」といっていいものである。ホモ・サピエンスも犬も猫も、以上のような形で対象を知っているからである。犬や猫でさえ、自分の子供はおろか、自分が仕える主人やその家族の個体を認知し、その感情の趣きさえ知っているのである。

もちろんこのようないわば感覚的認識の中には、表象やその記憶といったものが働いており、それがまさに知的なものにほかならないということができる。リンゴの木は、リンゴの実の表象を呼び起こし、それは猿やヒトの唾液を分泌させるのだ。まさに表象とその記憶が働いているといってよいと思う。しかしそれを認めるのであれば、その要素は感覚作用にとって最初から不可欠のものといってよいのである。タオの言葉を直接引用するなら、感覚的認識と呼んで差し支えない「前述語的知覚においで与えられた『物』は、すでに質、時間—空間性および実体的永続性という諸契機を含んでいる」のである。(3) それらはすぐあとで見る通りである。そしてまたそうであるなら、感覚作用を知的作用と無縁の生理的反応に限定する見方そのものが根本的に間違っていることになるのであり、現にヘーゲルはそういう過ちを犯したと思うのである。

（1）　Thào: op. cit.（邦訳二六二頁）。
（2）　Ibid.（邦訳二六一〜二六二頁）。僕はフランス語ができないから、そのまま引用させてもらっている。
（3）　Ibid.（邦訳二六七頁）。

10　イソギンチャクは閉じる

感覚的確信がすでに観念的所有であるというタオの主張は以上のようなものであるが、このような結論を出すにあたって彼はこの問題をよりいっそう大きな枠組みの中で捉えていた。それが動物における意識（感覚的把握）と行動の弁証法である。それは、動物という主体が自然という対象に働きかけて生存活動を行う時、アメーバーから哺乳類に至る進化過程の中で、次第に主体性を確立してゆくというものであり、それは同時に感覚による対象の観念的所有を確実にしてゆくプロセスであり、したがってまた対象を対象として、より現実的なものとして認識してゆくプロセスであるという主張である。

ヘーゲルが主観と客観の弁証法的プロセスを展開してみせたのが、とりわけ知的な思惟の領域（概念の弁証法）であるとすれば、タオはその弁証法を動物の感覚作用の世界で、しかもその歴史的進化のプロセスの中で展開してみせているのである。彼の論文はきわめて密度が高いと同時にコンパクトなものでかならずしも詳細な展開がなされているわけではない。しかしながら単純明快であるとともにまた核心を衝いたものとして僕は高く評価したいのである。ある意味で感覚や感情というものの核心に触れた彼の主張を、少し長くなるが説明しておきたい。

そこで何よりも問題になるのは生き物の行動パターンの進化であり、そしてその行動パターンの呼び起こす体験が感覚機能の中に蓄積されていって「意識」として形成されるプロセスである。そしてこの「意識」の形成過程は二重の意味をもっており、それは先に見たように対象認識（観念化）の深化という意味をもつと同時に認識主体の「主体としての形成」を意味している。

まず出発点になるのは、単細胞の有機体である。(1) アメーバーのような単細胞の有機体の行動パターンは、生理学的過程の働きから直接生じるものであって、自分にとって好都合なものに「ひきつけられる」か逆に不都合なものを「排斥」するかの二つしかありえない。このような単細胞有機体の場合、その体験は体験の意味としてその生体に蓄えられるものではなくて、文字通り刺激に対する生理的あるいは化学的反応とでもいうべき作用が存在するにすぎない。そこでは感覚器官と呼べるものさえ存在せず、まして意識に相当するものは全く存在しない。そしてまたこのようなアメーバーにとって彼をとり囲む世界は、好ましいか好ましくないかの完全に二値的な世界としてしか存在しえない。

ところが細胞が寄り集まって新たな有機体を構成する海綿類になると新たな行動パターンが生ずる。それをタオは「収縮」と呼ぶ。海綿類は岩に固着されたままではあるが、口といってよいものが形成されて、そこで自分にとって都合のよいものと悪いものを選別する「収縮」という運動が始まるのである。例えば、潮が曳く時、海水を保持するため口を閉じるのである。そしてこの新しい段階の行動パターンが現れた時、「前段階」の行動パターンは一つの「体験」として保存されているとタオは見る。タオの言葉を使えば、単細胞の段階の「引きつけと排斥」の体験は、イソギンチャクにとっては生存環境についての「感覚的印象」として保存されている。現在の生化学でいえば、アメーバーの体験はイソギンチャクのＤＮＡの中に記憶として保存されているということである。それが保存されているがゆえにイソギンチャクはある刺激に出会った時、いきなり「引きつけ」か「排斥」といった行動に出るのではなく、これをいったん抑制し、この「引きつけと排斥」の行動を「下描き」してみるのである。いいかえると「感覚的印象」を想い起こすのである。そして刺激がある閾値に達したとき、「これは危ない！」と「収縮」という本格的行動を起こす。

ということは、すでにこの時点で刺激と反応は直接的な結びつきを離れ、刺激はすでに主体の評価の「対象」になっているのである。そういう能力を海綿類は獲得しているのである。もちろんそういう評価活動が生じるには生体の機能がそれに応じた進化を遂げているからである。つまり海綿類は一定以上の刺激を伝達するための神経機能を備えると同時に「収縮」のための「筋肉機能」を獲得しているのだ。それらがまだ文字通り「筋肉」とか「神経」とか呼びうるものではないとしても、ともかくそういう機能がすでに働く生体であるがゆえに、刺激を評価し、刺激と反応とを独立させることができるのである。しかしながらこのことは逆にいうと、いずれ感覚器官と脳細胞へと発展していく

「神経機能」こそが、刺激を刺激として評価する「主体」としての役割をもつものであることを根源的に示しているともいえるのである。神経機能はそもそもの出発点から前段階の体験を蓄積し、その体験をもとに直接的な行動を抑止し、対象を評価し、その意味でまた認知する働きをもっているといってよい。

（1） 以下の説明はタオの前掲書ならびに市川浩『精神としての身体』（講談社学術文庫）を参照。

11 クラゲの過去

そして神経細胞と筋肉細胞がはっきり分化して新しい行動パターンが生まれるのが次の腔腸動物の段階である。ヒドラやクラゲの段階である。この段階の行動パターンは「反射的転位」とか「有向反応」と呼ばれる。海綿類のように岩に固着しているのではなく、ある意味で移動するのではあるが、その「方向」は意図されたものではなく、その意味ではむしろ「反射的」に場所を変える「転位」にすぎない。しかもその移動は生体の放射状の形態からして不安定なものでしかない。にもかかわらず、その転位は獲物へ向けられ、あるいは有害な環境を避ける方向へ向かう。そして「反射的」ではあってもそういう「転位」が可能になるのは、まさに神経細胞と筋肉細胞の分化が生まれ、神経の命令が伝達されるからである。

ところで神経細胞が形成されたということは、前段階で獲得された体験内容（「感覚的印象」）が神経細胞の継続したパルスによって、絶えず受け取られるようになったことを意味する。海綿類の場合、刺激はその場かぎり、瞬間的に「感覚的印象」を呼び起こして海綿の収縮をひき起こすにすぎない。ところが神経細胞が形成されると、環境の変化（刺激の変化）が継続的に捉えられそこに継続的なセンサーが形成されたことになる。このセンサーこそまさに「感覚」と呼びうるものである。

この「感覚」の成立によって生体は、刺激とそれへの生理的反応を完全にいったん分離させ、刺激として現れた環境変化を継続的に評価することができるようになる。つまり刺激があっても即座に「引きつけ」か「排斥」かという行動を起こさず、そういう行動を抑制して感覚的印象を想い起こし、環境変化を自分にとって好都合か不都合かを絶えず評価し認識するようになる。

繰り返すと、このとき前段階の「感覚的印象」はクラゲの中で蓄積された過去の体験内容として感覚器官の中に保持されていることになるのである。ここでも現代風に言えば、それはDNAとして次の生物に記憶保存されている。(1) そしてそのことは同時に、生体がただ「現在」の瞬間瞬間を生きる生き物ではなく、「過去」を内在させた生き物に変化し、経時的な統一的存在に変化し始めたことを示しているのである。タオはそこまで言っていないが、このことは「主体」と呼びうるものが生まれてくる基点にもなっているのだ。

（1）　タオの時代はまだDNAを知らなかったようだが、彼がこれを知っていたら、間違いなくその角度からも論じたに違いない。J・Z・ヤングの言い方にならえば、「DNAの中に受け継いだ記憶コード」こそ、その生体の生命の維持を可能にするのであって、神経細胞による記憶が主観的記憶だとすれば、DNAは客観的記憶といっていいものなのである。J. Z. Young: Philosophy and The Brain, Oxford Univ. Press 1987（河内十郎・東條正城訳『哲学と脳』紀伊国屋書店、第二六章「記憶」）。

12　ミミズの欲望

次の段階として新しい行動パターンが現れるのは、放射状の形態をもった腔腸動物や棘皮動物からさらに進んで、体の構造が「前と後ろ」という方向性をもつとともに、体の前の部分に口と主要な感覚器官が集中した左右相称の動物になった段階、つまり蛆虫、典型的にはミミズの段階である。

体形が放射状から左右相称でありながら前後と上下の方向性をもつものになったということは、その行動パターンが「方向」を志向するものになったことをはっきり示している。つまり外からの刺激に対して行きあたりばったりに動く（反射的転位）のではなくて、刺激源に対して自ら方向を定めて「移動」するようになる（「定位移動」）ということである。そしてこのような選択的移動が可能になる機能的条件として神経系の中枢化が一段と進み、神経組織が身体の表面前方に集中してきて、とりわけ自ら進む方向に対してセンサーを働かすようになるのである。

ところで一定の方向を選び取ることができるということは、センサーが全方位に向かって働いていることを前提にして初めて可能になる。実際この段階になると、前段階でのさまざまなケースでの転位行動で獲得された感覚が蓄積され、自分をとりまく環境に対する「感覚野」（感覚のパースペクティヴ）が形成されるという。つまり、いろんな感覚がさまざまな方向やさまざまな時間的経過の中で体験したものが、「感覚のパースペクティヴ」として生体の中に形成されるのである。いいかえると、外的環境（対象）は、「感覚のパースペクティヴ」として認識され、観念されるといってよい。そのことによって一定の方向を選択したり拒絶したりできるようになる。

ところでこの「感覚野」の形成は二つの点できわめて重要な意味をもっている。一つは「感覚野」の形成は、単に生体の過去を内在させているだけでなく、「内在的未来を先取り」した「意識」の形成という意味をもつ[1]、ということである。つまり「感覚野」というものは、ミミズにとっては、あちら（光）へ向かえば苦であり、こちら（湿気）へ向かえば快であるといった「可能的快・苦」を教えるものだからである。要するに過去の体験が統合されて未来に投影されているのであり、そのことによっていわば経時的な主体の形成がなおいっそう進んでいるのだ。

それと同時にもう一つ重要なことは、ここに初めて「感情性」が現れるということである。それは「主体性」のもう一つの現れ方と見てよいものだが、「感覚野」の形成とともに「欲求と傾向性」が現れるとタオはいう。以前の段階の感情性をさがせば、それはとりもなおさず、その時その時に訪れる「感覚」そのものの快苦でしかありえない。ところが感覚野は感覚的快苦についての過去の体験的価値を含んでいるがゆえに、感覚野の中での選択は、ある方向（ある刺激）への「欲求」や「傾向性」の成立を意味するのである。ミミズの中にそれが芽生えている。何ものかを欲求する主体の基礎がここに形成されていくということである。そのことによってまた主体は「環境への癒着」から相対的に解放されていくことにもなる。それは、これまで環境からの刺激に受動的に反応していた生き物が、積極的に選択行動に出る主体になったということである。

(1) Thảo: op. cit.(邦訳二七五頁)。

13 魚の怒り

無脊椎動物はこのような段階からさらに軟体動物(タコ、イカ)、節足動物(昆虫類)へと行動を多様化し、また神経の中枢化や感覚器官の多様化へ向かって進んでいくが、これらの経過を経て生体が新しい行動パターンをはっきりと獲得するのが魚または鳥類を代表とする脊椎動物である。

魚における行動パターンの新しい局面は「把捉」と呼ばれる。要するに獲物を捕まえる行動である。ところで何ものかを「捕まえる」という行動が起こるということは、すでに何らかの形で「対象」が認知されているはずである。ミミズが外的世界に接触するとき、それは結局、外的世界そのものとして対象が認知されているのではなくて、それはさまざまな刺激が自分にとってもつ価値の世界としての、いわば内面化された環境世界(「感覚野」)であるにすぎない。その内面化された価値の世界で自分にとってプラスの「方向」を選択しているにすぎない。

ところが魚が獲物を捉えるとき、明らかに対象を対象として認知している。単なる方向性への感覚だけでは獲物を掴まえることはむずかしい。そして「対象」が認知されるということは同時に「方向」のみならず、獲物の「位置」が測られるということであり、距離が測られるということである。したがってこの時、前段階の「方向」を志向した「定位移動」はすでに魚にとっては「下書き」されており、そこからさらに「距離」を縮めてそこに到達して捕まえるという行動が形成される。いいかえると対象はすでに「観念的」には自分にとってはプラスの価値をもつものとして獲得されているのだ。あとはそれを追いかけて掴むという新しい行動が行われればよい。

要するに前段階で「感覚野」として、また内面的世界として現れた外的環境はここで遂に、自分とは別の「現実的」な対象世界として現れることになる。そこでは方向と距離をもった「空間」が認識され、それに応じて「時間」も認識されているといってよい。それがこの段階で現れる体験内容であり、世界（外的環境）の「意味」である。別の言い方をすれば、世界は初めて「物」として「観念的に所有」されたといってよいのである。

ただそれにもかかわらずこの場合に体験されている内容は、いまだ「幻想的対象」にすぎないとタオはいう。この場合の「対象性は『物』の特徴をなす実体的永続性をまだ何一つ持っていない」からだという[1]。魚にとって問題なのは対象のもつ「感覚的外在性」のみであって、ある種の魚は、模型の形や色を変化させることで、容易にその行動を誘発できるからである[2]。対象が対象として真に認知されるのは次の段階のことである。

しかしながらこの段階で感情世界が新たな展開をみせている。すでに前の段階で感覚と感情（欲求、傾向性）の分離が生じていたが、ここで原始的感情とも呼べる「歓び、恐れ、怒り」が現れるというのである。それは「把捉」行動の出現と関連している。「つかまえる」という行動パターンが現れるということは、具体的には「接近」、「逃走」、「攻撃」という三つの行動様式の出現を意味している。そしてこれらの「獲物への接近」、「敵からの逃走」、「敵への攻撃」という行動は生体の内感としてそれぞれ「歓び、恐れ、怒り」として感じられるという。しかもそれは単に主観的な情動にとどまるものではなくて、それは（たとえ幻影的なものであろうとも）対象を「感動させる対象」として価値づける営みでもあるという。つまりそのとき対象は「魅力ある対象」、「嫌悪をもよおす対象」、「いらだたしい対象」といった存在として認知されることになる。もちろん対象が「永続性をもった対象」として獲得されないため、対象そのものへのこのような「感動」は瞬間的なものに終わる。この段階での「情動的生は、自動的な情動としての直接的反応の散在的な継起にしか存しないのである」(3)。つまり安定した感情生活、あるいは感情主体は次の段階（哺乳類）をまたねばならないが、この魚の段階ですでに最も根源的な歓び、恐れ、怒りといった感情的生が生まれるとともに、それらの感情性は対象のうちに客観化されて体験されているのである(4)。

（1） Thảo: op. cit.（邦訳二七八頁）。
（2） 市川浩、前掲書二五〇頁。

（3）　Thảo: op. cit.（邦訳二七八頁）。
（4）　市川浩、前掲書二三九頁。

14　猫と膝

そして決定的な段階を迎えるのが哺乳類である。タオはそこへの中間段階として陸上生活を送り始める両棲類、爬虫類の「探索」行動を論じているが、ここでは哺乳類に話をすすめたい。

さて哺乳類になって現れる特徴的な行動パターンは前肢や手、指による「操作」と「迂回」行動である。「操作」とは、動物が獲物をいきなり口にもっていかないで、これをもてあそぶことである。この動作はタオによれば、前段階の「把捉」を一時延期している状態を意味している。言いかえると、獲物として捉えた二十日鼠と戯れている猫は、把捉へ一挙に進むのではなくて、その前に把捉行動を素描する。そして素描するという観念的行為の中で二十日鼠を「実存的かつ実体的な物として所有」しているというのである。

このような対象の「物」としての「観念的所有」は「迂回」行動の場合、よりはっきりと確認される。動物が獲物を狙って迂回行動をとる場合、その対象は障害物があるために直接知覚することはできない。にもかかわらず動物が迂回するということは、すでにこの対象が実質的な「物」として観念的に所有されていると同時に、その対象が存在する空間構造が把握されていることを意味している。

ここで遂に対象（客体）が対象（客体）として観念的に捉えられた世界が出現したことになるのである。動物による対象の観念的所有は、ここで一つの完成を見るのである。

そしてこのことは同時に、対象に対峙する主観的生命が自立的主体として出現したことを示している。何よりもまずこのように「永続的な物」が知覚された時、その知覚は個体としての「他者」の認識を可能にし、それは「感情の永続性」を可能にする。もちろん以前の段階から動物は、対象に対して歓び、恐れ、怒りといった感情をもつものであったが、この段階に至って「他者」は永続する存在として「もはや単に歓び、恐れ、また怒りのような情動だけを動機づけるのではなくて、それにたいする愛、懸念、憎悪といった感情をも動機づける」ようになるのである。[1] 具体的にいえば哺乳類の動物は家族関係をはじめとして順位性やリーダー制あるいは共働作業等の、個体認知を前提とした社会関係を形成するに至る。

つまりこの段階に至ったとき、対象は現実的、永続的対象となると同時に、それらは永続的感情を呼び起こす、意味の統一体になるのである。それは愛情の対象となり、懸念の対象となり、憎悪の対象となる。そしてこのことはとりもなおさず主体自身が、そういう感情によって導かれ、自ら行動を起こすためのいわば「知的かつ意志的」[2] な生活基盤が形成されたことになる。実際われわれは、家畜、とりわけ犬や猫や馬がそういった生活を形づくっていることを経験しているはずである。猫は気に入った人の膝の上しか行かないのである。

（1） Thảo: op. cit.（邦訳二九〇頁）。
（2） Ibid.（邦訳二九一頁）。

15 タオとヘーゲル

タオはこの後さらに環境への働きかけとしての「行動」が以上のような動物の肉体的直接的行動から、何らかの媒介物を利用した行動へ移っていく様を描いている。動物の段階でいうと、下等猿類が枝という「仲介物」を引き寄せて、その先になっている実を取るのが第一段階であり、第二段階では類人猿が「器具」を使って環境に働きかけるケース、そして第三段階が「道具」を製作し、これを使う段階、そして遂に最後は「言語」という媒介物を使用する段階が説明される。そして動物としての猿や人間の行動が、このように媒介物によって世界に働きかけ、世界を把握する時の、それぞれの段階で「体験される世界の意味内容」は「イメージ（心象）」、「表象」、「概念」という姿になっていくことが説明されている。それらの説明はきわめて示唆に富むものであるが、感覚および感情の世界を問題にするここでは、その説明は省くことにしたい。

またタオはこれまで見てきた感覚や感情の発展段階を人間の個体発生の段階にも適用しているが、その点もここでは省くことにする。

ともかくこれまで見てきたタオの考察から明らかなことは第一に、感覚とか感情とか呼ばれるものが、すでにそれ自身で驚くべき認識能力を持っているということと同時に、そのことがそれぞれの主体にとって「固有の意味を持った世界の出現」を意味しているということであり、これらのことはとりもなおさず感性の世界が「観念的所有」を充分なしとげていることを示しているということである。第二にいま言ったことと表裏をなす局面として、感覚や感情というものが生体の中で形成されるということは、それを取り囲む世界と対比した意味で「主体」が形成されているということを意味している、ということである。

そこでこのような点から『精神現象学』の「感覚」の扱いを見直してみると、ヘーゲルはこのような感覚や感情というものの驚くべき力を充分考察することができなかったということができる。そのことが彼の世界像を著しく偏ったものにしたと僕は思っているのだ。人間の中に見られる驚くべき広範な感性の世界を彼は見落とすことになり、そのことが世界像をゆがめることになった。僕としては最初、人間の中のそういった豊かな局面を叙述することでヘーゲルの問題点を明らかにしたいと考えていたのだが、タオの理論がそういう考え方の基礎として最適であると思い、まずはタオの理論を素描したのである。

しかしながらさきほど触れたように、ヘーゲル自身、タオがそこから学んだような発想や考察を残している。確かに『精神現象学』では感覚や感情そのものについて貧弱な考察しか残していないが、『エンチクロペディ』(精神哲学)になると、まさにタオがあの考察を展開した元になる考察がある。彼はそこで動物の段階を「主観的精神」の第一段階であると考えるに至ったのである。多分両著書の間でヘーゲルの思考が一段と進んだと思われるのである。

周知のように『エンチクロペディ』になるとヘーゲルは精神の発展段階を「主観的精神」、「客観的精神」、「絶対的精神」の三段階に分けるとともに、さらに「主観的精神」を「人間学―心」、「精神の現象学―意識」、「心理学―精神」という三段階に分けている。つまり「精神の現象学」の世界が、主観的精神が主観的精神として目覚め顕在化した「意識」の世界であるとすれば、感覚がさまざまに働いている動物的段階は、主観的精神が働き始めてはいるもののまだ主観的精神としては目覚めていない段階のことであり、それは主観的精神がまだ肉体の感覚器官の働きの中に埋没している「心」の段階だというのである。そしてまさにこの「心」の段階を扱った所でヘーゲルは、感覚および感情の実際の働きをさまざまに論じている。同じ感覚の働きでも「感覚的確信」は、感覚的把握そのものがはっきり自覚され、「意識され」、それによってまた対象そのものが対象として措定された段階であるのに対して、いわゆる心の段階での「感覚」は、全く無自覚な感覚作用が働いているにすぎない段階のことである。言いかえると、まだ主観と客観が分離していない段階である。この段階での考察がおそらくタオの発想を引き出したもととなったに違いないものだ。そこで次にヘーゲルが「心 Die Zeele」の段階で、「感覚」の働きをどのように捉え、そのときの「主体」がどのような形で把握されているか、その辺を最後に検討しておきたい。

16 『エンチクロペディ』での感覚と観念化

なによりもまずヘーゲル自身が「行動と意識の弁証法」の唱導者であったことは周知のことであり、そのことを最初に確認しておかなければならない。彼は『精神現象学』の中で次のような見事な叙述をなしている。

「意識が自体的に在る通りのものが意識に対して在るためには、意識は行動しなければならない。言い換えれば行動は、まさに意識としての精神を生成するものである。だから意識は自らが自体的に在る通りのものを自らの現実から知るのである。それゆえ個人は行為を通じて己を現実にもたらさないかぎりは、自らが何であるかを知りえない(1)」。

この文章は、主観的精神が理論的精神から実践的精神へと高まってきた段階で現れるものであるが、このような考え方は、彼が人間存在を考えるとき、いつも現れるものなのである。彼が、主体と客体が常に相互に媒介されて新しい段階へ進んでいくと言うとき、その弁証法の中で現実に両者を媒介するのは行動だからである。そしてタオの理論はまさにこの命題をもとに形成されているのだ。

ところでそうだとすれば、ヘーゲル流にいえば、まだ「主観的精神」が潜在している「感覚」の段階でも同様の契機は働いていたはずで、現実にヘーゲルもある意味でそれを認める。問題はここでも感覚のもつ「観念化」の働きと「主体性」である。その点ヘーゲルは感覚による現実認識の「観念化」を認めるとともに、感覚する主体がやはりある意味で「主体」であることを認めているのである。彼の抽象的な命題だけ追ってゆけば、まさにタオと同じことを主張しているともいえる。しかし彼のあの「感覚的確信」の議論をみると、結局彼は『エンチクロペディ』で述べた自分の命題の重要性に気づいていなかったか、あるいはその重要性を無視したのである。現に彼は「観念化」についてはきわめて抽象的レベルで論じているにすぎなくて、具体的な考察をしなかったのである。

（1）　Hegel: Phänomenologie des Geistes, S. 296（樫山訳一三三頁、長谷川訳一六八頁）。

17　動物による観念化

ともあれ彼は、「外的感覚」と彼が呼ぶ五官による感覚的把握について、はっきりと次のようにいっている。「感覚する心が自分の中に見出すものは、……心の中で観念化され、かつ心自身のものとされたものとしての自然的な直接的なものである」[1]。「一方の感覚作用（外的感覚作用のこと――引用者）は、最初は肉体性（眼等々、一般に身体の各部分）の規定であるものであって、この規定は心の中心存在において内面化され想起される事によって感覚になる」[2]。

もともと感覚はその時々の偶然の環境条件のもとで、それぞれの感覚器官を通して、しかも感覚器官の特徴に応じてバラバラに入ってくるものである。そのことを指してヘーゲルは感覚の「直接性」

とか「自然性」と呼ぶ。しかしながらその時その場でバラバラな感覚も、実は主体によってそれぞれ識別され、記憶されている。そのことを「観念化されている」というのである。具体的にいうと、動物は言葉を知らない。にもかかわらず色も形も識別しているということなのだ。彼は「観念化」の具体例をあげて説明していないが、およそ次のように考えていいだろう。

例えば青が青として「言葉で」識別、認識されるには、さまざまな青いものを見て、その中に共通するものとしての「青」という一般的観念が形成される必要がある。そしてまた赤と青の違いの識別のためには、言葉の世界では「色」という一般的観念がさまざまな色から抽象される必要がある。ところが動物はこのような言葉による一般的観念を知らない。にもかかわらず動物は色を識別している。つまり何らかの観念化を行っていると考えざるをえない。具体的にいうと動物は言葉を知らないとはいえ、ある時の色の感覚を「内化 Erinnerung」して記憶にとどめ、別の類似した色を見た時それを「想起 Erinnerung」することで、心の中に赤色のイメージを定着させていると考えることができる。そういった感覚上のさまざまな経験の蓄積があって動物もまた色の相違、音の高低、物の堅さ柔らかさ、臭いの違い等を識別しているのだ。そしてそこでは、たとえ言葉によらない「表面的な観念化(3)」であろうとも、対象の一般化作用が行われているのだ。

そうだとすればさらにこの識別は、単に五官を通した形態上の識別だけでなく、その対象が自分にとって好都合か不都合か、またどのような点でどのような時に好都合か不都合かというような識別も行いうるはずであり、そのような対象についての評価上の観念が生じているはずである。例えば水や火の識別に際してそのような評価が行われているはずだ。ヘーゲルはこのような具体例を全くあげていないが、ここまで話しを進めてみれば、実は動物がこれらの感覚的識別行為において、対象の認知行為のみならず、対象の自分にとっての意味の識別（評価）を行っていることが分かる。というより本来、動物が感覚を働かせたのは、対象が自己の生存にとって好都合か不都合かを知るためのセンサーであったことを思えば、意味の識別、つまり対象の評価こそが感覚の究極の目的であるといえるのである。それはタオの議論で見た通りなのである。

（1）　Hegel: Enzyklopädie, Ⅲ, S. 100（邦訳上巻、一六二頁）。
（2）　Ibid., S. 100-101（邦訳上巻、一六二頁）。
（3）　Ibid., S. 99（邦訳上巻、一五九頁）。

18　観念化とは何か

ヘーゲル自身は以上のような具体的な話を全くしていない。しかし彼の「外的感覚」についての抽象的な文章を文字通り受け取れば、以上のような結論になる。にもかかわらず彼は事実上、感覚を「知」としては認めなかった。つまりそこに「観念化」の働きを認めなかったとしかいえないのである。それは「感覚的確信」のところで見た通りである。

彼は確かに、感覚による「表面的な観念化」は認めている。しかし「表面的」というこの形容詞を付けることで彼は事実上、感覚による認識行為を無視し、これを「知」とは認めないという立場を一貫させたのである。そのことによって「知」ないし認識という営みから感覚を事実上排除した。しかしながら感覚による「表面的な観念化」と「言葉による観念化」にどのような違いがあるというのであろうか。

例えば「言葉による観念化」がどういうものか想い起こしてほしい。たとえば「青」という言葉を、ある色彩領域にあてはめてこれを観念化したとき、いったい「青」という言葉そのものに「青」という一般観念がおのずと含まれているのであろうか。「青」という言葉は単なる記号にすぎなくて、それが単なる記号なら「青」の代わりにAでもBでもよかったはずである。だとすれば「アオ」という言葉そのものに一般観念としての「青」が宿っているわけではなくて、一般観念そのものの実体は、その記号によって想起された心の中のイメージでしかない。もちろん青という色彩領域を光の周波数で表して、あくまで記号や言葉で表現することは可能であるが、そんなことをしてみても僕らの心の中の一般観念として青色を再現することは不可能である。臭いの場合はもっとはっきりしている。臭素の化学記号を見せられても、臭いの一般観念を得ることはできない。少なくとも一般観念が感覚的存在を対象とするかぎり、それは心の中のイメージとしてしか、しかも感覚的記憶の想起としてしか存在しえないのである。

それがそれだとすれば、動物が感覚的記憶を持つと考えるかぎり、それはまさに一般観念そのものだといってよいのであり、これを「表面的観念化」として「言葉による観念化」と区別する理由はない。いずれも真正の観念化が実現していると見て差し支えないのである。

ヘーゲルはまさにこの点を見逃していた。そのことによって感覚的確信は知でないと言い切り、感覚の世界を認識行為から切り捨ててしまったのである。これを一種の生理的反応と見て切り捨てたということである。

とはいえ彼は『エンチクロペディ』で「外的感覚」、つまり五官による感覚に関しては、一応は感覚の世界での「観念化」の働きを認めている。好意的に解釈すれば、『エンチクロペディ』執筆の段階になって、感覚にもその働きがあることに思い至ったと見ることができる。しかしながらたとえそうであっても、結局彼は、感覚が人間に及ぼす根源的な力を充分認識できなかった。もしヘーゲルが彼の文章通り、本気で「感覚」の中に「観念化」を認めていたら、「感覚的確信」についての内容も決定的に変わっていたはずである。いまさらすべての考察を改めるには理性的世界像のほうが美しすぎたのであろうか。

19　内的感覚

ところでヘーゲルの「外的感覚」とは、いわゆる五官によって感じ取られたものであると同時に、タオが扱った局面であったが、彼は「感覚」としてもう一つ「内的感覚」をあげている。それはこれまでのように、外にある感覚的自然を五官で捉えるときのものではなくて、心の内面と呼ぶほかない感情の動きが、肉体を通じて感じられたものである。つまりはっきり言ってしまえば、感情そのものといっていいものであるが、ともかく内面的な心の動きが、「肉体を通じて感じ取られた」とき、その働きを「内的感覚」と呼ぶのである。

それは固有の意味での「精神」の働きが肉体を通じて内的に感じ取られるものであるというが、その実質的内容は二種類に分かれている(1)。この二種類の分類はそれこそヘーゲルの形而上学から生まれた独特の分類であるが、一つは個人の「直接的個別性に関係するような感覚」と呼ばれ、具体的に言えば「怒り、復讐、嫉妬、羞恥、後悔」といったものであり、もう一つは「それ自身一般的なものに関係するような感覚」であり、具体的には「法、人倫、宗教、美、真」についての感覚である。これらの「内的感覚」とヘーゲルが呼んだものは、通常の定義から言えばむしろ感情といってよいものだが、ヘーゲルがあえてこれらを感覚と呼ぶのは、それらが感じられるとき、肉体的変化を通じて感じ取られるからである。ヘーゲル自身じつは「実践的精神」の第一段階である「実践的感情」のところで、これらをまさに固有の意味で「感情」として取り上げている。その取り上げ方もヘーゲル独特のものであることはいずれ次章で述べたいが、少なくとも感覚を論じたこの箇所では、これらの感情が何らかの肉体的変化を通じて感じ取られるかぎりにおいて、これらを感覚と名づけているように思われる。実際彼は、それぞれの感覚と肉体的変化の対応関係を具体的にあげている。「心配」として感じ取られた感覚は「腹の病気」として感じられ、「勇気」と「怒り」の感覚は心拍数の増加、血液の温度の上昇と筋肉の緊張、「羞恥」は血液の顔面への集中、「驚愕」は血液が引いて筋肉が震えること等々である。

いずれにせよ内的感覚の中の二つの分類はヘーゲル自身にとっては重要なものではあっても、内的感覚そのものの働きを定義するうえではさしたる重要性を持たないと思われる。いずれもがいわば何かしら内的に感じとられるものであり、しかも何らかの肉体的変化を通じて内的に感じ取られるものを内的感覚であると定義すれば、その後の分析が充分できると思うからである。

ところでこの「内的感覚」の「観念化」をヘーゲルはいったいどのように考えていたのであろうか。そのように問うてみると、彼はその点には一切触れていない。「外的感覚」が観念化の働きをもっているのなら、当然ここでもその働きを認めてよさそうなのに、それに一切触れていないというのはある意味で不思議なことである。しかしどうもヘーゲル自身はそのことに何の不思議も感じていなかったとしか思えない。その理由が僕には全く分からないが、あえて想像を巡らしてみれば、次のようにも考えられる。

もともと外的感覚の場合は、何といっても、理性を本質とする「主観的精神」が、感覚的対象を相手に立ち向かうという構図が念頭にある。だからこの場合は、彼のいう「精神」（理性）が、潜在的にしろ認識行為に向けて動き始めているのだ。つまり観念化という働きが生まれ始めていると考えるのである。ところが、「内的感覚」の場合は、ある意味でこれと逆のプロセスが想定されているように思われる。

そもそも「内的」というときの内面自身は、先ほど見たように二種類に分けられてはいるが、次章で見るように、いずれも本質的には理性が生み出したものと考えられている。彼の言い方にならえば、これらの「実践的感情」は「自体的」にはいずれも精神（理性）が生み出したものである。それが自己を出現させ、それが肉体の器官で「感じられ」たとき、「内的感覚」となる。したがってこの場合は、「外的感覚」のときのように理性が対象に向かうのではなくて、逆に理性が自ら姿を現すと考えていたように思われるのである。だから理性が認識力（観念化）を働かせるまでもなく、むしろ理性自ら姿を表したものが「内的感覚」であると考えたのではなかろうか。以上は僕の推測であるが、彼の後の議論からみてもそのように思えるのである。

実際彼は、この内的感覚についていろいろ例をあげているが、彼がそこで強調するのは、この内的感覚が要するに何の媒介も経ずして、「直接的」に肉体の器官を通じて感覚されるということであり、その観念化については一切触れていない。言いかえると、ここでヘーゲルは、彼としてはめずらしく片手落ちの議論をしたのであり、そうなったのも感情や内的感覚についての形而上学のせいだったように思われるのである。

（1） Hegel: Enzyklopädie, Ⅲ, S. 100（邦訳上巻、一六二頁以下）。

20　欲望は心

とはいえ『エンチクロペディ』でのヘーゲルは、「外的感覚」に関しては「感覚」そのものに観念化の働きがあることを形のうえでは認めている。その考察は抽象的で不十分としかいえないが、一応これを認めていると言っていいだろう。そうであれば、この感覚レベルの生き物の「主体性」のほうはどうなっているのであろうか。そういう観点から読んでみると、まさに感覚の存在そのものが主体の存在を前提するものであることがはっきり述べられている。統一的個体として自ら外界に働きかける主体であればこそ感覚が必要なのであって、この点についてはヘーゲルもそのことを充分知っていた。彼は次のようにいうのである。「感覚とはまさにこのように動物のあらゆる分肢の中に動物の統一性が遍在しているということなのであり、この分肢は、それぞれの印象を直接、一つの全体に伝達するのである」。

別の言い方をすると、感覚の印象（評価行為）を意味あらしめるものとしての主体が存在する。つまりそこには「主観的内面性」が存在するのである。ただこの段階での「主観的内面性」は実は「衝動と本能」[1]がその内容を成しているとヘーゲルはいう。つまりこの段階で動物は生存への「衝動と本能」によって自分の望み通りに行動し、その行動を有効に行うために感覚をもっているということなのだ。

しかし「心」の段階での主体性を支えるものは、単に「衝動と本能」にとどまらない。もっと本質的な意味での主体性が現れる。それがほかでもない「心」そのものなのである。そしてこれこそが、「主観的精神」の第一段階である「感覚」の世界のメインテーマだったのである。

ちょっと復習すると、ヘーゲルの主観的精神は、第一段階が「心」の段階、つまり主観的精神が肉体性の中に埋もれてはいるが、すでに肉体（感覚器官）を通じて働き始める段階であり、第二段階が「意識」（感覚的確信、知覚、悟性、自己意識）の段階、そして第三段階が「理性」（理論的精神、実践的精神、自由な精神）が働き出す段階である。だから感覚で人間が動き廻る「心」の世界は、主観的精神が肉体と一体化しながら働く段階なのである。むしろ精神が肉体と一体化した状態を「心」と呼ぶのである。したがってヘーゲルが「心 Die Seele」と言う場合は、日本語で通常「こころ」という場合とは違う。それは意識化されたものではなくて、意識されるまえの身体と精神が溶け合っているような状態とでもいえるものである。

そしていつものように彼は「心」を三つの段階に分けてその発展を説く。その第一段階を「自然心」あるいは「感覚する心」と名づけているが、この時の「心」の実体が「衝動と本能」ということになるわけである。

本能をそのまま心と呼べるかどうか疑問であるが、本能を欲望という風に読み直してみるなら、まさにそこに心が出現する端緒を見てもおかしくない。ただヘーゲルはそのことを説明するために、かなり手の込んだ理屈を述べている。

ヘーゲルにいわせれば、もともと本能（欲望）に従って動いている段階では、人は感覚によっていわば突き動かされているにすぎない。感覚と本能が連動して、外的世界に受動的に反応しているにすぎない。それは「本質的に受動的なもの」にすぎない（2）と彼ははっきりいう。だから「感覚する心」は

「外から規定された主観性」にすぎないというわけである。[3] しかしそれはまたさまざまな感覚を受け容れる一種の容器のようなものであり、それが同一の容器であり続けることによって「自然的個体」と呼んでいい統一体を成している。[4] そしてこの統一体がともかくそれ自身の欲望（本能）によって、自ら行動するところに「主体性」があり、その欲望の能動性ゆえに、これを「自然心」とか「感覚する心」と名づけるわけである。

（1） Hegel: Enzyklopädie, Ⅲ, S. 20（邦訳上巻、一二五頁）。
（2） Ibid., S. 100（邦訳上巻、一六一頁）。
（3） Ibid., S. 100（邦訳上巻、一六〇頁）。
（4） Ibid., S. 122（邦訳上巻、一九九頁）。

21　それは精神の魔術

ところで一応「心」と名づけられた本能的欲望も、感覚を通じた受動的な経験を積むうちに、ついに文字通り「心」と呼べるようなものが生まれてくるとヘーゲルは言う。すなわち欲望する主観はさまざまな感覚にさらされているうちに、その感覚を自分の中に保持し続ける容器としての自分に目覚めるというのである。いいかえると感覚の保持を通じて変わらずにいる同一の主体である「私」を「感じる」に至る。そのときまさに「心」と呼んでいい観念的な何かが生まれるというわけである。

それは肉体自身の反応を越えた何かである。何かを意図し、何かを望む「私」という意識が点火されるのである。(1) そこでこのようにして初めて実質的に姿を現した「心」のことを彼は「感じる心」と名づける。それは知的な自覚はなされていないが、「感じられる私」である。

　そしてこのような「感じる心」の出現を端的に表現する言葉が、ヘーゲルのいう「自己感情」である。それは決して自覚されたものではないが、「私はあれが食べたい」とか「私はこれはイヤだ」という、そのときに感じられている「私」と見ていい。

　ところでこのような「感じる心」が「私」という主体自身を感じ取るには、そのときすでに肉体の「感覚器官による感覚」を何らかの意味で越えた「感じる」能力が生まれている必要がある。「感覚」は外的なものにしろ内的なものにしろ、それはかならず肉体の変化として感覚されるものだった。それに対して、「私」を「感じる」ということはそういう肉体的、器官的変化とは関係なく、やはり肉体全体を覆いながらも、肉体自身から何らかの独立をなしとげた精神の営みを示唆している。そしてヘーゲル自身は「感じる心」の章で、そういう「感じる心」のいわば驚くべき認知能力の例をあげて「心」の働きを論じている。それは一方では「主体」としての心を論じたものであるが、同時にそれは「感じる心」が「感覚」を越えて独立した認知能力であることを示している。つまり「感じる心」の出現は、文字通り「心」と呼びうる観念的主体の成立を示唆しているが、それと同時に肉体の器官による「感覚」を越えた、心自身の「感じる」能力の出現として捉えられているのである。その議論が僕としてはまことに興味深いものをはらんでいた。

そこで彼が論じた心の「感じる」能力とは要するに、人間の共感能力や直感力のことである。それは知的な媒介を一切経ないで、直接対象を感じ取り、あるいは対象から感染させられる感受能力のことである。それは「外的」なものにしろ「内的」なものにしろ、身体の器官を通じることなく、またそうかといって知的な能力を使うこともなく「感じられる」能力のことである。それを彼は「絶対的魔術」あるいは「精神そのものの魔術」という(2)。そのとき彼は「心はすべてのものに浸透してゆくものである」ともいう(3)。その具体例は、全く五官に頼らない金属探知や物的および心的なものへの透視術のようなものから、正真正銘の身体的、精神的共感までさまざまなものがあげられている。そしてその中でもとりわけ注意を惹くのは人間の身体的、精神的共感能力、あるいは直感力(4)である。

第6章で論じるように、これらの能力はきわめて重要な認知能力であり、その働きはある意味で理性的認識能力よりはるかに根源的なものをもっている。僕はそう思っている。いやこれこそ人間存在が自己を知り、他者を知る根源的な能力だと思う。そしてこのあたりを読むかぎり、ヘーゲルもその驚くべき認知能力を感じていたようにも見える。彼はこれを「絶対的魔術」とか「精神そのものの魔術」とさえ呼んでいるからである。

しかしながら彼はその役割を正当に位置づけることをしなかった。それはまだ人間理性が働かない、無自覚に現れる認知にしかすぎなくて、それはどこまでいっても理性の発達していない人間世界で働いている「魔術」にしかすぎないのである。魔術という表現は、この根源的な能力に対する彼の驚きや感動を示しているともいえるが、それはまた「理性的でない」という意味が込められていたのではないかと想像されるのである。だから彼はこれらの能力に対して、知的媒介を経ていない「直接的」な認知であることを、事あるごとに強調する。いずれにしろ彼はきわめて興味深い人間の根源的な直感力や共感能力をここで発見しながらも、それを理性から最も遠い原始的認知能力と見なしている。結局これらの認知能力はヘーゲルから見れば認識とは呼べないものであり、いずれ知的認識によって取って代わられるものでしかないのである。だからこれらの能力は「感じる心」の段階で現れるだけで、それ以上の分析の対象になることはなかった。いずれ詳しく見るように、そのことが彼の人間認識を大きく歪めることになったと思うのである。

（1）もちろんヘーゲルはこのことをもって「意識された私」とは言わない。意識されるのはずっとあとのことであって、「意識された私」は彼のいう「自己意識」そのもの、つまり知的に認識された自我のことである。ヘーゲルは、主観的精神が、自らが精神であることを自覚したときに「意識」が生まれるという。それが彼の「意識」の定義である。その点から見れば、この段階での心の出現は「無意識下」のことであり、それはあくまで主観的精神がまだ身体性、自然性に纏われている段階のことである。

（2）Hegel: Enzyklopädie, Ⅲ, S. 128（邦訳上巻、二〇七頁）。

（3）Ibid., S. 143（邦訳上巻、二三二頁）。

（4）ここでの直感力という言葉の原語は Schauen である。それに対して第6章で「知的な」「直観力」というときの原語は Anschauung である。ヘーゲルもそれをはっきり区別していて、後者の直観力はまさに知性の働きであるのに対して、直感力の場合は文字通り感性の働きを意味する。

22 「私は王様だ」

ところでこの「感じる心」が以上のように、あらゆるものに入って、それを感じる能力だとすれば、自分自身の欲望それ自身を感じることもできるし、自分の感情の動きも感じるであろう。一口で言えば「自分」を感じることができるようになる。いいかえると「主体」としての己を感じるようになる。そのようにして姿を現した「感じる心」の主体をヘーゲルは「自己感情」と呼ぶ。それはとりあえずは「私は食べたい」といって自己を主張するときの「私」という感情だと考えられる。

しかし驚くべきことにヘーゲル自身が「自己感情」の典型的な例としてあげているのは痴呆、放心、愚行、精神錯乱、狂気、狂行等の状態で現れる自分自身に対する自己イメージのことなのである。ヘーゲル自身の言葉でいえば、「悟性的意識」で自分を捉え切れず、ある「特殊な感情」、それも病的な感情状態の中で、その感情に囚われたまま姿を現す自己イメージである。一口でいうと、妄想状態にある時の自己イメージのことである。例えば自分は何もできないのに、自分が空を飛べるとか、自分が王様だと思い込んでいたり、ありもしない自分を自分のことと思い込んでいるときの自己イメージのことである。

このヘーゲルの話の展開はさまざまな奇妙な要素を含んでいる。いずれその点に触れる機会があるかと思うが、ともかく彼は自分を一個の主体として感じ取る端緒は、いきなり理性的、悟性的な自己把握にあるのではなくて、一種の強力な感情状態の中で自分を「何ものかである」と妄想する形で生まれてくるというのである。さらに奇妙なのは、実はこの「感ずる心」の段階ですでに悟性的意識も現れ始めていると述べて、「自己感情」が顕著に現れる「精神錯乱」の時には、一方で正気の意識（悟性）がある程度の確かな現実認識をもたらしながら、肝心の自分自身については悟性が働かず、自分の願望のままに誤った表象を心に抱いているというのである。(1)

「私」が遂に「私」として「感じ」られるようになる端緒を、このような病的妄想に求めるのは、いかにも奇妙な話である。確かに「私」というものへの強烈な執着状態が現れるのは何か強烈な感情に囚われて、悟性的意識が稀薄になった時ではある。だからその事実から、本来感情こそが主体を形づくるものだという風に話を進めるのなら、それはそれなりに分かる話である。しかし彼はそのように考えを進めない。そうだとすれば、自己感情の典型として、精神錯乱をあげている理由がどこにあるのか。その点が僕には全く分からないのである。

ただヘーゲルの話を一応次のように考えることはできる。まず、主体としての自己（私）というものが原初的には感情の世界で現れるということ。そして感情こそが主体の行動を促す基盤であるとするなら、人間が悟性や理性を喪失した時にこそ、その感情主体が赤裸々に（自己についての妄想という形で）姿を現すことになるということである。しかしヘーゲルにとってそのことは感情こそ主体の根源を現すという意味ではない。ヘーゲルはいつものように、「感じる」というのは理性的認識に至る前の無自覚な一種の知覚を意味すると考えていて、ここでも自我が理性的に「自己意識」として確立する前に、「感じる」形で姿を現したと見ているわけである。だから主体が「感情」としてまず現れたといっても、彼の場合、それゆえに感情こそ本来の主体の原理であるという風には捉えられてはいないのである。自己感情は「理性的自己意識」のさきがけでしかないということである。

もう一つ考えられるのは、彼の着眼点が、精神錯乱は自我が分裂した事態を表しているという点にあったと思えることである。精神錯乱は何らかの形で自己が分裂することであるから、それは自己が対象化され、自分というものが確立されていく一契機をなすと考えることができる。例えば彼は次のような話を展開している。

この病的な状態での「自己感情」を検討してみると、そういう時にもまわりの状況把握に関してはある程度悟性的意識が働いていることが分かる。(2) そこでヘーゲルの立場からいうと、この段階で自己は悟性的意識と狂気という二つの自己に分裂し、お互い闘争状態に入ることになる。(3) さらに進んでいくとこの闘争状態から、遂に悟性的意識が支配権を獲得するに至る。そうなったとき、主観的精神は肉体的制約（妄想感情のみならず、感覚、感情一般）を自己の支配下におさめる。そのとき心の第三段階目である「現実的こころ」が生まれるという話になってゆく。といっても僕にはこの展開もよく分からない。自己意識の成立が自己の分裂を前提するものであることはいずれ第6章で問題にするが、すぐあとでみるように、ここでこのような二つの意識の闘争を自己意識の成立にからめる必然性は全くない。これは僕には本筋を全く離れた議論のように思えるのである。

いずれにせよ「感じる心」は肉体の器官に頼らずに、あらゆるものを「感じ」そして「私」を感じる。そうだとすれば、ここでヘーゲルは文字通り「心」と呼んでいい広大で豊かな世界を見いだしたのである。そしてそれがたとえ肉体に纏われていようと、文字通り「精神」が躍動している世界を見いだしたはずなのである。そして本章のテーマに立ち返ってみれば、彼は「心」の存在を見事に指摘することによって、「感ずる」段階ですでに事実上「主体」が現れていることを認識していたといっていい。したがってここから一直線に「自我論」へ向けて話しを展開してもよかったのである。そういう主体を彼はここで見いだしていたといってよい。しかしながらここで彼は「心」の「主体性」を実質的には認めるに至らなかった。それは主体とは呼びえない狂気をはじめとする感情が右往左往する世界にすぎないのであり、そこに主体としての働きがあるとしても、あくまで「感じられ」ているにすぎないものだったからである。しかもそれは悟性的意識によってただちに主体の座を奪われる運命にある。結局ヘーゲルの場合、「感じる心」は主体が生まれるときの一挿話にすぎなくて、精神の発展のドラマの舞台からすぐ姿を消してしまうのである。

(1) Hegel: Enzyklopädie, Ⅲ, S. 167 (邦訳上巻、二七一頁)。

(2) Ibid., S. 165 (邦訳上巻、二六七頁)。

また悟性的意識が加わってくる事情についてもヘーゲルは説得力のある説明をしていない。悟性的意識は自体的に(潜在的に)心の中に含まれていた、という程度の説明があるだけであって、その出現について一切、弁証法的展開をしていないのである。

そもそもヘーゲルがここで悟性的意識と呼ぶものは、多くは外的事実の把握のことであり、それはすでに述べた。感覚的存在に対する事実上の観念的把握（18節「観念化とは何か」を参照のこと）と見てよいのである。そうだとすれば、これは狂気以前に、人間が感性をもつかぎり誰もがもっている認識能力であり、これを狂気と対立的に捉える必要は全くないのである。

（3）　Hegel: Enzyklopädie, Ⅲ, S. 121（邦訳上巻、一九六～一九七頁）。

23　「感じる」こと

それにしても、あれほど豊かな感情世界を指摘しながら、なぜ彼はそこから自我論を展開せず、またあの広大な共感の世界を脱落させていったのであろうか。やはりそのことにあらためて触れておきたい。そうなってしまった第一の原因は「自己感情」を「精神錯乱」に限定したことと、第二は「感じる」という認知行為の意味を見誤ったことにあると思われる。

そもそも自我というものは何より感情の世界で生じるものである。それはヘーゲル自身も認めた通りなのだ。だから彼は感情そのものから自我が形成されていく道筋を探求すべきだった。その方向へ考察を進めるべきだったのである。ところが彼は、むしろ自我についての感情（自己感情）が抹殺されることが、主観的精神が自己を展開する方向だと考えた。なぜなら少なくともこの段階で現れる感情は本来不安定であるとともに、理性を撹乱する動物的要因だと考えられていたからである。だから自我が確立することは感情を支配することにあるという方向に話を向ける仕掛けとして、彼は自己感情を精神錯乱時の自己妄想に限定してしまったのである。そこに自己感情を限定すると、主観的精神は、錯乱した状態から正常な状態に戻らねばならない。そこで悟性的自己意識との闘争という見方を導入し、後者が前者を打ち負かすという風に捉える。そうすると、自我の誕生にとって、感情的要素は拭い去られることになるのである。彼にとって、感情は真の自我を邪魔するもの、いや感情一般は理性を攪乱するものだった。人間を不透明にし、混乱させるものだった。おそらくそういう基本的な考えがここでも彼を誤らせたように思うのである。

もともと自己感情は狂気の自己妄想である必要は全くなかったのである。すでに「感じる心」は自己の内面に関してもあるいは他者に対してもすべて直感し、共感することのできる心なのであるから、この自己は「あれを食べたい私」を感じてもよかったし、「悲しい私」を感じてもよかったのである。事実通常の場合、まさにそのようにして自我に目覚めるのではなかろうか。

しかしもっと根本的な問題は「感じる」ということを単に無自覚、無意識な把握と捉えてよいかという点である。ヘーゲルからみれば、感覚することや感じること（要するに感情）はうまく働く場合でも悟性や理性の現れる前段階として現象するにすぎないものであり、それらはかならず悟性や理性に見通されたり打ち負かされるか、内的本質としての理性が感情のヴェールを剝がすという風に考えられている。彼はそう考えることで、自我あるいは主体性の成立が本来、感情から成り立っているという局面を否定し、あるいは決定的に見逃すことになったのである。しかしながら「感じる」という営みはすでに「意識」であるとみてよいのではなかろうか。この事は次の章で充分明らかになると思うが、僕らの日常の経験に照らしても「感じる」というのはきわめて意識的にも生ずることである。それは確かに感じられた対象を言葉で観念化してはいない。それゆえヘーゲルはそれは認識とは呼べないと考えているし、これを「意識している」とも言わない。しかし次章でみるように、感じること、あるいは感情は僕らの認識の最も基本的な世界をなしているのであり、感じることこそ、認識の第一歩であり、また最終目的でもあったりするのだ。直観という働きこそ物事の本質を最も深く捉えるといってもいいのである。しかもそれはいずれあとで見るように、概念化されていなくとも明らかに自覚された認識でもあるのだ。そういう見方からすれば、実は彼のいう「自己意識」（自我）はすでにこの「自己感情」の時点で、その本質的な姿を現しているのである。自己感情が生まれたときすでに感情そのもののレベルで意識されており、そのとき自我あるいはその芽が生まれたと考えてよいのだ。だからヘーゲルは自己感情から一直線に自我論に行くべきだったのである。そう考えたら、幼少期からのさまざまな感情生活がいかに自我の形成に大きな意味をもっているかも解明されることになる。しかしヘーゲルの立場からはそういう視点は拒まれてしまう。このことは彼の見方のいわば致命的欠陥を示唆しているのである。いずれこの問題はこれからの章、とりわけ第4章と第6章でもっと詳しくみることにしたい。

24 ヘーゲルと感覚

これまでかなり回り道をしてきたので、この章でこれまでの議論を振り返ってみることにしよう。一番の問題は「感覚」で現実を捉えるということはいったいどういうことなのか、そのことをヘーゲルはどのように考えていたかということだった。言いかえるとそれはヘーゲルが「感覚的確信」と名づけた認識行為の「意味」をどのように考えたかという問題であった。

まず『精神現象学』での「感覚的確信」のヘーゲルの見方は次の二つの特徴にまとめることができると思う。一つは感覚そのものは人間主体の能動的な認識行為であるよりは、人間にとっては受け身の肉体的反応であり、感覚的確信は、自らその反応を「意識」したときに生まれるということである。第二にそうであるかぎり、感覚的確信という営みの中には言葉を介した観念化とか一般化とかいった知的操作は存在しないということである。それは文字通り「確信」にすぎないともいえる。そこに知的なものを探すとすれば、青々と茂った木がそこにあることを「意識している」ことだけである。いいかえると、感じられた内容が「対象として意識」され、ヘーゲル特有の言葉を使えば、「対象」が「措定」されているという点が知的であるにすぎない。ヘーゲルが『エンチクロペディ』で述べたように、主観的精神の前段階である「感ずる心」も同様に青々とした木を「感じている」とすれば、「感覚的確信」が「感じる心」から一歩踏み出している点は、それを「意識している」かどうかだけである。その一点でのみ、両者は区別されているにすぎないことになる。

いずれにせよ以上の二つの論点からして、「感覚的確信」は知的認識としてどの程度のことをなしとげたかを吟味すれば、それは単に「或るものが在る」ということしか言っていないというヘーゲルの結論が生まれる。それは単に「何物かを意識している」という形で「対象」が「措定」されているにすぎないということになる。これが「感覚的確信」についてのヘーゲルの結論である。

しかしそうだとすれば、誰が見てもある種の知的働きをしているとしか思えないあの「感覚」はいったい何だったのかという疑問が当然わいてくる。そしてその点への疑問を見事に解き明かしているのがタオの考察だった。彼がさまざまな事例で明らかにしているように、感覚のレベルで動物はすでに実質的な「観念化」をしており、同時にそれと比例して「主体性」を獲得しているのである。

端的な例をあげるなら、僕らは梅干しを見ただけで口の中が酸っぱくなる。いや梅干しを想像しただけで口の中が酸っぱくなる。そのとき僕らは梅干しを言葉で捉えている必要は全くない。このことは、僕らが言葉を知らなくても、すでに梅干しを観念的に所有していることをはっきり示しているのである。そしてこのような感覚による対象の観念的所有は、味覚のみならず、あらゆる感覚器官が行っていることである。だからこそ動物は危険を回避し、獲物を獲得することができる。つまり動物もまた「感覚」によって「対象」を「観念的に所有」しているのである。

そしてこのような感覚による認識がどれほど確実な認識であるかは、自然科学が実証の最後のよりどころとするのが、感覚による事実確認であることから知られる。いずれのちの章で見るように、自然科学はどのような命題も最後は事実によって確認される必要があるが、そのさいの事実というものは結局、感覚による事実確認にほかならないのである。そのとき僕らは、暗黙のうちに感覚による把握が最も確かな認識であることを前提しているのである。ヘーゲル自身にしても、当時の自然科学の実証がそういうものであったことは認めざるをえないと思うのである。

さらにもう一点、感覚が「観念化」を充分なしとげているということは同時に、そこに「主体」が形成されていたことを意味するものだった。この点もタオによって明解に説かれている。すでにみたように、感覚は主体が外界が自分にとって好都合かどうかを感知するためのセンサーだった。そうだとすれば、そもそも主体が先にあって、その主体が生き残るためのセンサーとして感覚が生まれたといっていいのである。だからこの時点ですでに、個体は感覚によって環境への癒着から解放され始める。さらに感覚が対象について、何らかの情報を与えたとき、主体のなかに「感情」が生まれる。それは主体の生きていく方向性を示し、主体を方向づける内的な力となる。だから感情こそ環境から主体を解放し、主体の能動性を導く原理となるのである。

このようなタオの考察は充分説得力があると僕は考えるが、そういう角度からヘーゲルを読み直してみると、彼は『エンチクロペディ』のなかで、これと同じような考察をしていたことが分かる。彼は感覚が「観念化」の働きをもち、そこにすでに「主体性」が存在することを認めている。むしろ、タオはそこから自分の考えを展開したに違いないのである。ところが、ヘーゲル自身はこのような考えをきわめて抽象的に議論しているだけであって、事実上は感覚や感情の大きな役割を正しく位置づけることをしていない。それが僕の結論だった。とりわけ彼の議論で問題なのは、「感情」の位置づけであり、「主体性」を支えるものは何かという問題である。そこで次に、いったい「感情」は僕らの生活の中でどういう働きをもつのか、そしてヘーゲルはこの点をどう考えていたのかを見ることにしたい。

第4章　感情の働きについて

1　理性こそ主体

僕はこれまで感情が人間の「主体性」の核になっていると言ってきた。感情こそが、人間の行動を導く力であり、感情こそが人に何ごとかを意欲させ、あるいは拒絶させるからである。そのことによって、人は自ら行動を起こすからである。

しかしながらヘーゲルからみれば、そもそも僕のこのような見方それ自身が最初から間違っていることになるだろう。彼にとって、人間の主体性を保証するものは理性以外にないのであって、感情はむしろ理性を攪乱するものだからである。

例えば、感情などというものはすでに動物にも存在する。生存や種の保存のための欲望はいうに及ぼす、それに伴う憎しみや攻撃性、そして性愛。さらに親子の情さえ存在する。あるいは動物はそういった欲望と無関係に単に喜び、楽しむことさえやっている。要するに人間の喜怒哀楽に相当する感情は動物にも充分認められるのである。ところがそういった動物が真の意味で主体性をもつかといえば、そうは考えられないとヘーゲルはいう。もちろんそんなことをヘーゲルが明言しているわけではないが、それは当然すぎるほど当然だから書かなかったまでのことである。彼からみれば、動物は単に「本能や衝動」によって行動し、そのような感情をもたされているにすぎないのであり、要するに彼等の感情はいわば自動機制によって生じているものにすぎない。そうだとすれば、このような感情にのっとって行動しても、そのことは真の意味で動物が主体性を持ったことにはならない。動物の感情は広い意味で、自然のメカニズムに組み込まれているにすぎないからである。

それがそうなら、人間も喜怒哀楽の感情を持つだけでは、主体性が保証されたことにはならない。これがおそらく彼が言いたかったことである。

ある意味でヘーゲルの主張は正しいと僕も思う。たとえ感情こそ人を行動に導く力であるとしても、そのことだけで、人間の主体性が保証されたことにはならない。それこそ本能の赴くままに身をゆだねることがその人の主体性を保証するわけではないし、僕等自身感情に振り回されるといった経験を何度もしている。そのとき人は自分が主体性を持っているとはいえないのである。

しかしながらそうだからといって、理性のみが主体性を保証するものであろうか。そもそも理性的判断というものによって行動したと思っていても、実際にはそうでない場合をいくらでも観察できる。いや話を急ぎすぎてはいけない。まずここで確認すべきことは理性は何よりも感情とは異なる、ある種の「判断力」だということである。そうだとすれば、差し当たり理性自身には人を行動に駆り立てる力はないように思われる。理性が主体の原理たりうるかという問題意識から見た場合、このことをいったいどう考えればいいのであろうか。

2　意志はどこから来るのか

そのことで僕等がまず気づくのは、理性が現実に対して何らかの判断をしたとき、僕らはその理性的判断によってこれまでの気持が変わってしまったり、新たにある行動をしようと思ったりすることが起こるという事実である。それはいままで抱えていた感情とは別の行動さえひき起こす。その新たなモーティヴェーション（動機づけ）はこれも一種の感情といって差し支えないと思うが、それが理性的判断に根ざしているかぎり、固有の意味での感情とは別の行動原理になっていると考えることもできる。そこでカントやヘーゲルが理性的判断に従って行動しようとするときの意欲のことを、「感情」と区別して、とくに「意志」という名称を与えたのである。

僕は以前、この意味がよく分からなかった。「意志」といっても実は何ごとかに固執する感情の別名にすぎないではないかと思ったりした。日本語で意志の強い人などという場合、実際には頑固の別名でしかない場合など、いくらでも観察できるからである。そんな場合には、「意志の強さ」は事実上はその人の心理的強制力が強力であるにすぎなかったり、現実受容能力が貧弱なために、意固地になっていることが意志の強さとして現れる場合すらある。要するに意志の強さなどというものに信用がならなかったのである。「意志の強さ」は現実には、むしろある種の感情への固執の強さの裏返しであることがきわめて多いということである。

しかしながらカントやヘーゲルが「意志」という場合には特別な意味があって、それは要するに理性の判断に従って、それに従おうと意欲するときだけが「意志」と呼びうるものなのである。頑固さなどというものはヘーゲルの言う「意志」とは何の関係もないものだ。いいかえると「……べきである」という理性的判断にひたすら従い、固執する感情（ヘーゲルの言葉に従えば「法（権利）および義務の感情[1]」）のみが「意志」と呼ばれるのである。それが一般の感情と違う所は、理性の判断にのみ従うということからして、感情それ自身としての個別的内容を持たないということである。どんな判断が下されようと、ただ理性の判断に盲目的に従う気持だけが「意志」の本質である。いうなればそれは「俺はこれがしたい」という感情自身の気持ちに逆らってでも理性に従うのが「意志」と呼ばれるものである。

それにしても、そうだとすれば、いったいこのような意志はどこからやって来るのであろうか。「意志」も何ものかに対する意欲であるとすれば、当然それ自身「心の動き」であって、それはやはり感情の一種であることには変わりない。そうだとすれば、いったいその感情はどのようにして心に生ずるのであろうか。そういう具合に考えてゆけば、この「意志」なるものは、何より「理性的に生きよう」とする感情だといってもよいであろう。あえていえばそれは「理性的感情」といっていいかもしれない。それは人間が理性をもつかぎり、理性的でありたいという感情を持つということであり、ヘーゲルから言わせれば、まさにそのように思わせる力が理性にある、ということなのであろう。実際僕等はものを考えてあることが分かったとき、全く別の世界が開かれ、自分の気持が全く変わってしまうという経験をもっている。そしてまたその結果、これまでとは違った何かをしようと「思う」。それは理性がしからしめる「意志」といってよいのだ。それは僕らが日常経験することである。だから人間は「最も教養のない人でも思惟した限り、意志を持っているのに対して、動物は思惟することがないから、どのような意志をもつことも出来ないのである」と彼は言う。[2]だから「意志の真実態」は「現実的理性性」にあるともいうのである。[3]このように考えてこそ彼の話も完結することになるであろう。

しかしながら本当に人間はそのようにできているのか。あらゆるものが理性の要求によって貫かれるようにできているのであろうか。そもそも理性は、感情を支配する力をもつのであろうか。もっと根元的にいえば、感情的判断を抜きにした理性的判断力などというものがありうるのであろうか。すぐあとでみるようにヘーゲルは感情的判断の背後に理性的判断が存在すると見ているが、むしろそれは逆なのではないか。そうだとすれば理性的主体性のみを真の主体性と呼ぶことはできないのではないか。ともかくこの章ではかならずしも『精神現象学』の順序通りではないが、ヘーゲルが感情をどのように考えていたのか、その点を考察したい。とはいえ僕のヘーゲルに対する考えをはっきりさせようと思うと、僕自身の感情論を事実上は展開せざるをえなくなったので、この章は最初に一応ヘーゲルの感情論をまとめておいて、それを念頭に実質的には僕の感情論を述べることにしたい。

(1) W. F. Hegel: Enzyklopädie der philosophischen Wissenschaften, Ⅲ, S. 292 (舟山信一訳『精神哲学』下巻、一六七頁)。

(2) Ibid., S. 288 (邦訳下巻、一六〇頁)。

(3) Ibid., S. 291 (邦訳下巻、一六六頁)。

3 欲望は姿を消す

これまでヘーゲルの感情論についていくらか触れてきたが、すでに述べたようにヘーゲルは感情そのものをそれほど詳しく分析しているとはいえない。僕自身はすぐあとで述べるように、感情世界を「欲求」と「生命感情」と「心的感情」と「精神的感情」の四つに分けて考察したいが、そもそもヘーゲルは「欲求」を感情の中には含めていない。そこでまず最初に「欲求」について触れておきたい。

ヘーゲルは確かに欲求を感情とは違うものであり、それは本能に根ざした衝動だと考えていた。しかもそれがいわば主体の原理である面も見過ごしていたわけではない。すでに「感覚する心」の所で見たように、それは動物的本能の現れであり、それが「心」であるかぎり、やはり独立した主体としての意味を持たされていたのである。ところがその欲望は「感ずる心」の段階で「食べたい私」として現れるのだが、この自己感情は悟性的意識が現れるとともに、ヘーゲルの舞台から消えてしまう。つまり動物的欲望は、「意識」が出現した段階で、いったん姿を消してしまうのである。

ところが欲求は、精神が目覚めた「自己意識」の段階でもう一度現れる。彼は、「自己意識」つまり「自我」が現れるとき、それは何よりも「私はあれが食べたい」という「欲望」という形を取るというのである。生命をもつものは対象を取り込むことでしか生きてゆけない、そういう矛盾をはらんだ存在であるかぎりその矛盾の解決のために行動を起こす。だから自己意識が初めて現れるのも、そういう生命として生きていくレベルで「欲望」として姿を現すというのだ。(1) これが「自己意識」が現れる第一段階だといって、これを「欲望する自己意識」と名づけている。そうであれば欲望はまさに、「私はあれがほしい」といって行動を起こす根拠であり、それこそ主体としての行動を保証するものである。

しかしながらここで、主体として根元的な力を再び取り戻した欲望も、ヘーゲルの中ではまたもや姿を消してしまう。いずれ第6章で詳しく見るように、この欲望は克服されて、欲望に支配されない自立した自己意識が形成されるという。欲望は対象化され、見通されることによって自我は欲望から解放される。欲望によって規定されていることを知ることが、欲望から自我を解放するのである。そしてそれ以後、彼の世界では欲望は現れない。だから欲望は「主体」の形成という点から見たとき、一定の役割を果たすが、いったん自己意識が成立すると、主体としての欲望の役割は終わる。もし現実に欲望のまま生きている人があるとすれば、それはその人がまだ人間になりきっていないだけのことになってしまうのである。

のみならずいずれ第6章で見るように、自己意識の段階での欲望はもともと精神自身が生み出したものであり、それゆえ精神自身の運動の中で解消されるものと考えられている。自己意識が精神の運動として形成されていくとき、自己意識そのものの精神の矛盾が「欲望」を生み、それを廃棄することで真の自己意識が生まれるという風な議論になっていて、要するに根本的に欲望は、人間の主体性を支える力とはみなされていないのである。

しかしながら欲求こそ、それぞれの人間を何ものかに赴かしめる根元的な力であり、それはまさに心の動きつまり感情の最も強烈かつ根元的なものだと僕は思う。そのことはフロイトがまさにはっきり示したことである。フロイトの言うことを全面的に認めることはできないとしても、ヘーゲルのようにこれを片づけてしまうことはできない。それはあとで詳しく述べるとおりである。

(1) W. F. Hegel: Phänomenologie des Geistes, S. 139(『精神現象学』樫山欽四郎訳一一〇～一一一頁、長谷川訳一二二頁)。

4 感情は理性のさきがけ

次に僕らが欲求とは区別された意味で「感情」と呼んでいる世界を彼がどのように捉えているか、

それを彼の著作で探してみると、ただ一カ所、感情の全体像を述べたところがある。それは『エンチクロペディ』の「実践的感情」のところである。

彼のいう「実践的感情」は「理論的精神」が遂に「実践的精神」にまで高まったとき、最初に現れる精神のふるまいである。先に述べたようにヘーゲルは、理性それ自身が自らの中に「意志」を生み出すと考えるわけだが、その「意志」こそが「実践的感情」と呼ばれるものである。それは理性が自己の内面を「客観化」しようとするときの「直接的」、「個別的な意志」なのである。だからそれは「意欲する知性(1)」とも呼ばれる。そしてこのような位置づけそのものがヘーゲルの感情論の特異性を如実に示している。

彼はそこで僕等が一般に「欲求」以外の「感情」と呼んでいるものをすべて扱っているのだが、それにもかかわらず彼は、これを「実践的感情」と呼び、それが「意志」の現れだという。それは一見、感情を「実践的」、「倫理的」側面から分析した彼の視角を示しているように見えるが、実はヘーゲルは、それ以外の角度から感情を独自のものとして扱ってはいないのであり、要するに、感情一般を、「実践的」、すなわち「倫理的」、「理性的」なものとしてしか位置づけていないということなのである。だから感情はその「真実態」において、カント的な意味で「当為」をはらむものと考えられている(2)。要するに彼が「感情一般」を「実践的感情」という名前で論じたのは、感情の実践的「側面」を論じたのではなくて、むしろ感情の本質がそこにあると考えたから、感情をわざわざ「実践的感情」と名づけ、「意欲する知性」として扱ったのである。少なくともそう解釈すべきだと思う。

ところでそうだとすればヘーゲルは感情の中に「主体性」を認めているといってよい。感情が倫理的意志であるなら、当然主体を支える力になるからである。しかしながら驚くべきことにヘーゲルは以上の考察から、むしろ逆の結論を導き出している。感情が倫理的なものであればこそ、感情それ自身に何らかの独自の役割を認めないのである。なぜなら倫理的のものは究極的には理性によって生み出されたものであり、理性によって概念的に把握されるものだからである。むしろ「感情」は、知性あるいは理性が物事の本質を掴まえるさいの前段階として、その本質を「感じ」ている状態にすぎないと彼は言う。それが彼の「感情」に対する基本的イメージであり、それが彼にとっての感情の基本的役割である。だから、もし理性的認識の前段階にもなりえないような感情があるとすれば（怒りや嫉妬）、それは感情の「真実態」ではないということになってしまう。それは人間にとっては全く攪乱要因でしかなくなってしまうのである。

ともかく感情は理性的認識の前段階であるという発想はいつも出てくるものである。例えば、「自己」が現れる前にそれが「感じられ」て「自己感情」が妄想として現れたり、「心」が現れるときは、まず「感じる心」として現れる。さらに理論的精神が最初に姿を現すのは、「感じる精神」としてであり、彼は「直観」こそ、この「感じる」精神にほかならないと言い、これが「表象」されて、さらに「思惟」にまで高まったとき、理論的理性が、真の姿を現すというふうに考える。

これと同じプロセスがここでも想定されているのである。僕らの精神はまず「感じて」、それから知性によってそれを自覚し、最後は理性がその本質を概念的に把握する、という風に考えているのである。そのとき彼にとって大事なことは、「感じられた」ものはあくまで最後は理性によって把握さるべきものであり、むしろ理性的把握の初期の段階として「感情」が存在するということである。いずれあとで述べるようにこの点、僕は全く逆に考えている。感情や感覚の方が先にあるということは、これらのほうが根元的な認識の働きをしていて、理性や知性はそれをいわば概念的に整理する機能しかもたないのではないかということなのだ。これもあとで述べるように、僕自身ももちろん理性には整理以上の働きがあることを認めるが、それでも認識の根元は感覚と感情にあるというのが僕の基本的な考え方なのである。

（1）　Hegel: Enzyklopädie, Ⅲ, S. 289（邦訳下巻、一六二頁）。『精神現象学』ではこのような感情論が見当たらないのは、ヘーゲルにとって、当時はひたすら理性の働きのみが問題であって、感情そのものの働きが、視野に入ってこなかったからであろう。言いかえると、感情は透明化を求める理性にとって、邪魔なものという思い込みのなかで、その分析の必要性を認めていなかったのではあるまいか。それがのちに、もう一度感情の働きを彼の体系のなかで、ちゃんと位置づける必要が出てきたのが、『エンチクロペディ』のこの部分だと思われる。

（2）　だから彼ははっきり次のように言うのである。「実践的感情は、潜在的に存在するものとしての自己規定を、すなわち当為を、現存する個別性に関係させる形で含んでおり、しかもこの現存する個別性は、その当為に対する適合性においてのみ価値あるものとして存在するのである」（Hegel：Enzyklopädie, Ⅲ, S. 292. 邦訳下巻、一六七～一六八頁）。

5　二種類の感情

ともかく彼は感情を理性のいわば先兵とみなしている。だから彼のいう「感情」は何よりもまず、「思惟する精神を自分の源泉」としてもっている場合、言いかえると「一般的内容」をもつ場合にのみ「感情の内容が真実になる」という。(1)それが彼の感情の第一の定義である。その真実な感情、つまり「一般的内容」とは「法の感情、道徳性の感情および宗教の感情、人間の慈悲深い傾向性等々」(2)のことである。これらの感情内容はしたがって、感情固有の働きとして生まれるものではなくて、むしろそれは思惟から生まれる内容であり、ただその内容が「感じる意志のなかへ取り上げられ」たときにのみ、(3)このような感情として存在することになるのである。これらの感情はあとで僕が「精神的感情」あるいは「価値感情」と名づけるものであり、ヘーゲルのように言ってすませるものではないと思うが、ともかく法や道徳、宗教などにまつわる感情こそが、彼にとっては真の感情と呼びうるとともに、それは何も感情の助けを借りずとも、人間が理性の力で（思惟によって）把握しうる内容をなしているというのである。

ところが現実には感情はこのように全く理性的認識や理性的要請と合致するものばかりとは限らない。そこでこの合致しない感情を彼は第二の実践的感情群として取りあげ、それを「我欲的な感情および傾向性、劣悪な感情および傾向性、邪悪な感情および傾向性」と呼んでいる。(4)これらの感情は要するに僕等が一般に喜怒哀楽と呼んでいるものである。

このように感情を二種類に分けてしまった彼は、実践的感情がどうしてこのように二種類に分かれたのか、それを説明する必要を感じて次のように言っている。まずは人間にはあの素晴らしい、理性と一致する真の感情があるにもかかわらず、それらの感情に逆らってまで人々がこれらの喜怒哀楽の感情に固執するのは「不審なこと verdächtig であり」、「いや間違いなく不審を通り越したことだ」(5)と、我欲的感情が存在することの不思議さを指摘するが、要するに、こういった個人的な喜怒哀楽の感情は実は「精神」が自己を外化し、あるいは疎外するとき必然的に生まれるものだという風に説明する。つまり精神が現実化し、有限化するとき、自己（実践的感情の真実態）に対する「否定」としてこれらの感情が現れるというのである。だからこれらの自我にまつわる喜怒哀楽の感情は「形式の上」では「実践的な感情」として現れても、法や道徳や宗教からみれば、いまわしい「皮相な」喜びや苦痛であったりする。その中のいくつかがいわば宗教や道徳に合致することがあるとしても、それは偶然にすぎない。喜びであろうと、悲しみであろうと、その点は同じことである。ただ、精神や生命が自己を実現するとき、自己分割が生じ、その自己分割の中で、一方に当為（一般的内容、すなわち道徳感情や宗教感情）が現れ、それに対して実際の感情としてさまざまな感情が現存在として対立的に現れるというのである。だからまた実践的感情はその本質からして「当為」を文字通り自己自身の内なる規定として感じてはいるのだが、同時に現実には「外から」、「直接的」に規定され、外からの「刺激」（激情）によって疎外された自分を感じるという言い方もしている。(6)

二種類の感情が存在する必然性は以上のように説明されているが、この説明は彼の弁証法的説明の中でも、最も説得力に乏しいものとしか思えない。ともかく彼の感情論は以上のようなもので、感情そのものについての具体的な考察や分析はほとんどない。そして彼自身もまたその必要性を認めないのである。(7)

結論として言えることは、彼は感情を基本的には、理性的把握の前段階として、理性的内容を「感じる」段階として位置づけているということである。そして、そのことによって、理性的判断と合致する感情だけが、真の感情と考えられ、それ以外の個人的感情は、感情本来の役割をもたないものと考えられているということである。まして、感情が真の意味で主体の原理になるとは考えられていない。ここでも彼は感情の「意味」を彼なりに解明したといってよいが、彼はそれを、理性とどの程度一致し、どの程度理性を実現する役割を担っているかという角度から意味づけているということが言える。その角度から感情を分類しているわけである。そのことによってまた、感情の人間にとっての役割を大きく見過ごすことになったと思われるのである。要するに彼は感情が理性の要求と合致し、その点で透明に見通せるものであるかぎり、これを「真実の感情」とみなし、それ以外の不透明な、理性で見通すことも支配することもできない感情は邪悪な、我欲的なものであり、そんなものは感情の名に値しないと考えて、事実上その存在を彼の図式から切り捨てたのである。あるいはその働きへの分析を不充分なまま放置することになったと思えるのである。ともかく僕自身が感情をどのように考えているかをこれから述べることによって、ヘーゲルの問題点を明らかにしてゆきたい。

（1）　Hegel: Enzyklopädie, Ⅲ, S. 291（邦訳下巻、一六六頁）。
（2）　Ibid.,（邦訳下巻、一六五頁）。
（3）　Ibid.,（邦訳下巻、一七一頁）。
（4）　Ibid.,（邦訳下巻、一六七頁）。
（5）　Ibid.,（邦訳下巻、一六七頁）。
（6）　Ibid.,（邦訳下巻、一六九頁）。さらにこの当為と現実の偶然的感情が一致したときが快であり、一致しないときが不快として感じられるともいう（Enzyklopädie, Ⅲ, S. 293. 邦訳『精神哲学』下巻、一六九頁）。この場合、だから快、不快の観念も、当為つまり理性の要請に合致するものが快として感じられ、合致しないものが不快として感じられると彼はいう。これは通常の快不快の定義とほとんど逆になっているような見方であるが、ここにこそ、ヘーゲルの感情に対する見方が典型的に出ているとも考えられる。彼の場合、快不快は要するに、理性的意志が快と感じるか不快と感じるかが決め手になっているといってよいからである。
　ところが僕等が日常感じるのは、現実に僕等が抱えている感情が満たされたときにこそ、快を感じることが多いのであり、理性の要求に従うことは少なくとも主観的には不快なことが多いのである。いずれにせよ僕等が快、不快というのは、あくまで自分の感情欲求が満たされているかどうかを判断基準にしているのであって、快とか不快とかいう言葉はまさに感情によるそういった判断を示す言葉なのである。したがってヘーゲルの定義はヘーゲルの理性的立場からの特異なものとみなす必要がある。
（7）　Hegel: Enzyklopädie, Ⅲ, S. 292（邦訳下巻、一六七頁）。「感情を哲学的に考察する際に、感情の形式以上のものに立ち入り、感情の内容を考察するのは、適切な事ではない」と彼はいう。感情の本質が理性にあるかぎり、その内容はいわば「客観的精神」のところでいずれ明らかにされるからであり、あとは下らない「我欲的で、劣悪で、邪悪な」感情しか残されていないからだ、というのである。そんなものは精神の本質を究明しようとする哲学にとって、何の関わりもないということなのである。

6　欲求は愛

これから僕は感情を「欲求」、「生命感情」、「心的感情」、「精神的感情」の四つに分けて考察してみたい。(1) そしてこれまでの問題意識から、これらの感情が人間の主体性を支えるものであり、行動の原動力になるものである点と、もう一つ、その前提として感覚や感情は現実に対する価値評価として一種の認知行為である点を述べたいと思っている。感覚と感情は現実に対する認知行為、評価行為であることによって、初めて動物も人間も環境からの強制的支配力や必然性から解放され、環境に対して選択的に働きかけることが可能になる。そこに自らの意志で行動する主体が生まれる。その点で感覚や感情は理性以上に根源的な力をもっていると言いたいのである。それが僕のヘーゲルに対する根本的な批判の一つでもあるのだ。感情にはさまざまな層があるが、まずは「欲求」から始めたい。

ここでもまず出発点として動物の段階を例にとって考えてみたい。動物を例にとることによって何よりも感覚と感情の違いがはっきりすると同時に、さらに本能的欲望と固有の意味での感情の層の違いがより明確になるからである。

言うまでもなく動物の中にもさまざまな感情が宿っていることが窺い知れる。飼い犬はえさが与えられたら喜ぶし、走り出せば喜ぶ。あるいは怒ったりするだけでなく、場合によったら甘えたり拗ねたりすることさえある。いったいこれは彼らにとって何が起こっているのだろうか。少なくともそれは感覚的な快、不快とどこが違うのであろうか。

すでに見てきたように、感覚は実は一種の対象認識なのであるが、当然のことながらその対象の性質についての認識、つまり快、不快の認識を含んでいた。もともと感覚器官は、それぞれ主体にとって快適か不快かを判断するセンサーだったからである。そしてこの快、不快の経験が蓄積されたとき、動物は快をもたらす対象を求め、不快をもたらす対象を拒絶するようになる。そこにまさに対象に対する欲求あるいは欲望（あるいは拒絶）というものが成立する。だから「感覚」がそれぞれの感覚器官を通して外界の情報を伝えるのに対して、「欲求」はそれをもとにして、対象それ自身を求めようとする心の動きを意味する。言いかえるとそれは個体全体に選択の「方向」を示す働きをもっているということができる。しかしこのことは同時に、欲求そのものが対象の価値の認識を行っていることを意味する。そのときの対象評価は、例えば「精神的感情」が感得するような美的価値や道徳的価値ではなくて、生きてゆくためのいわば生理的価値のようなものではあるが、依然としてそれは快、不快という形で価値認識の機能をもっているのである。

そしてこういった「欲求」こそ、最も根源的な「感情」であるということができる。それは自己の評価にもとづいて何ものかを求めようとする「意図」を表す主体の心的状態であるからだ。それは最も広い意味で愛とさえ呼びうるものである。しかしまたそれと同時に対象が不快である場合は、これを拒絶しこれに反撥する内的状態が生まれる。これは最も広い意味での憎しみである。[2] つまり動物もまた一つの生命として生きてゆこうとするとき、すでに欲求のレベルで愛、喜び、憎しみ、恐怖といった基本的感情を獲得しているといって差し支えないのである。それは前章のタオの議論で見た通りである。だから人間感情はこの欲求に深く根ざしているといってよいのだ。

（1）この分類は基本的にはシェラーやメゾンヌーヴの分類を参考にしているが、かならずしも同じものではない。たとえばここであげている「欲求」はシェラーでは一応「生命感情」に入ると思われるし、そもそもシェラーの「感覚的感情」は僕には感覚そのもののように思えるのである。また彼が「精神的感情」と呼ぶものは宗教的感情に限られているが、僕は同様の名のもとに真、善、美についての感情を含めている。M. Scheler: Die Formalismus in der Ethik und die materiale Wertethik, Sechste durchgesehene Auflage, Franke Verlag, Bern 1980, S. 331（『倫理学における形式主義と実質的価値倫理学』シェラー著作集2、白水社、二六五頁）。

（2）Jean Maisonneuve: Les Sentiments, Collection QUE SAIS-JE? N° 322（山田悠紀男訳『感情』白水社、一二一頁）。

7　欲求は自由の表れ

しかしながら、僕等が通常、人間の感情と呼ぶものは、いま見たような動物と共通する「欲求」とは違ったものを含んでいる。感覚と対比した場合、広い意味で欲求を感情に含めてよいと思うが、それを通常の「喜び」や「悲しみ」といった「感情」と同列に扱うには、どこか違和感がある。少なくともこのレベルの欲求には「悲しみ」とか「苦悩」といった感情はみられない。それゆえにまた僕等はこれを「欲求」という別の名で呼ぶのである。

では僕等が固有の意味での「感情」と呼ぶものとここでいう「欲求」のどこが違うのであろうか。そこでもう一度この話が動物（ないしは動物としての人間）の感情を問題にしていたことを想い起こすなら、この「欲求」は基本的には「本能」と呼んでいいものから生まれていたことが分かる。それは個体としての生命と種の維持を目的として食物を求め、肉体的快を求める欲望だからである。そうだとすれば根本的にはこの欲求は、実は一種の自動作用として生み出されていることも分かる。それは、動物が生き物として生きていくための不可欠の情動として、ある対象を感覚で認知した時に、ただちに働くように仕組まれている「自動機制」としての感情だといってよい。そこでヨーロッパの文化圏でもカントをはじめとして、このようにして働く感情をしばしば「傾向性」ないし「傾向」という名をあてて固有の意味の感情と区別してきたのである。

それゆえまたヘーゲルもそうであり、あるいはデカルト(1)もそうであったように、このような感情世界（食欲、性欲、肉体的快楽の追求）を自我にとって受動的なものとみなし、そこから「感情一般」さえ感覚および欲求によって呼び起こされる受動的な状態とみなす見方が生じたのであろう。実際、ここでいう欲求が感覚から自動的に生ずるものであり、また感覚が主体的意志とは無関係な、ある意味で受動的な認知行為であるかぎり、欲求は主体にとって受け入れざるをえないものとなるからである。確かに「本能」とも呼ばれるこのような欲求は、われわれにとって自分の意図や意欲と無関係に外から襲ってくる何かであるように感じられる時がある。自我の能動的な態度であるよりは、自我にとって受動的に受け取るほかないもののようでもある。僕等はいまは空腹でありたくないと思っている時でも、空腹を感じ物を食べたいと思ったりするからである。

しかしながらそれにもかかわらず欲求は依然として主体を主体たらしめるものである。すでに見てきたように、この欲求こそがそれぞれの生命体の行動を導き、それぞれの行動に意味を与えているからであり、したがって外界に対して選択的に働きかける能動的主体たらしめているものこそ、欲求にほかならないからである。この点はある意味でヘーゲルも認めていたのであり、彼は動物における主観性（主体性）を次のように述べている。「この主観的内面性の中には、動物がただ外から規定されているだけではなくて、自己自身によって内から規定されていること、すなわち動物が衝動および本能をもっているという事が含まれている[2]」と。

では僕等が実際にこれを外から与えられたもののように感じるのはいったいなぜなのであろうか。そのように問いを立ててみるなら、それはおそらくわれわれ人間がこの欲望以上に自由な自分を想像し、あるいは自由を感じることのできる「精神」を備えているからではあるまいか。言いかえると自己の欲求を欲求として対象化し、その自動作用の強力な力を認識できる感受性と理性をもつからだと考えることができる。実際人間は場合によってはこの欲求に代わって同じことをなしうる知的能力と意志をもち、また実際にその能力を行使しているだけに、この欲求の自動作用を、あたかも外から強制されたカのように感じたりするのであろう。だからまたこのような事態こそ、人間が欲求から独立した理性や固有の意味での「感情」をもっていることを示唆しているのである。

そしてヘーゲルはまさにその理性の立場に立って「欲求」をいわば外的な力とみなすわけである。しかしながら欲求が主体を主体たらしめる原理であることに変わりはないと同時に、裏を返せば、これらの欲求が人間にとってどれだけ大きな力をもっているかを以上のことは示しているのである。それは完全に環境によって支配された鉱物や植物から身を起こして、動物がその環境に選択的に働きかける力を示している。つまり欲求の存在は動物が環境との癒着から脱却して自らの行動を選択する「自由」を得たことを示している。それこそ最も根元的な意味での「主体性」の確立を意味している。それゆえに欲求の充足こそがまた、人が生きていく充実を根元的に与えてくれるものなのである。そしてその力の大きさはフロイトの言葉をまつまでもなく、あとで述べるように、人間を導き支配する根源的な力なのである。

（1）　デカルト『情念論』。
（2）　Hegel: Enzyklopädie, Ⅲ, S. 20（邦訳上巻、一二五頁）。

8　生きる歓び

欲求について、人間を根本で支えている感情は「生命感情」と呼んでいいものである。それは次に見る「固有の意味での感情」と「欲求」のちょうど中間に位置すると思われるもので、それは言うなれば「身体感情」とでも名づけることができるようなものだ。例えば「爽やかな感じ」とか「気だるい感じ」とかいう言葉で表されるような、生命そのものが帯びている感情を表している。それはもちろん心がいわば心理的事実として感じとるものであるが、同時に身体とともに感じられるものである。島崎敏樹の言葉を使えば「からだとこころの双方の張り」として感じられるものである。(1) しかしそれは身体の感じとして受け止められるものではあっても、身体の器官部分に感じられるよりも、身体全体が一つの単位として感じ取るものである。

身体全体を通じて感じられる生命感情といえば、シェラーは「恐怖、不安、嘔気、嫌悪感」などをあげているが、彼は最後に「動物や人間への生命的共感や生命的反撥」をあげている。(2) この最後のものが生命感情の本質を最もよく衝いているように僕には思える。生命感情とは、いわば生きる歓びそのものを感じることである。自分自身がある環境のもとで「生」そのものを生き生きと感じているか、それとも何かそれが阻止されているように感じているか、そういう自分の「生命」そのもののあり方についての根元的感情である。しかし同時にそれはまわりの動物や人間に対してそういう「生」を共有できるか共有できないかを感じ取ることとほとんど同義なのである。

僕等の生命感情は、自然環境を含めた他者への生命的共感を感じたとき十全のものとなる。僕はそう思っている。シェラーのいうように生命感情というものは他の生命体と切り離せない「共同感得」の機能をもち、「共同体の意識を基礎づける」ものなのだ。(3) 僕等は人間はおろか、馬や犬に生き物としての共感を寄せる。のみならず爽やかな森の木々に共感し、隆々とした大木に圧倒される。僕等が自分の環境の中で安らかに生きているとき、僕等はまわりのそういったものに親和性（共感）を感じているのである。しかもそれは知性のなしうるものではなくて、生きている僕等がこの生命感情によって直感する大切な何かなのである。しかしこれまたシェラーのいうように、このような生命感情の、あるいはもっといえば生命愛の中核にあるものこそ性愛といってよいのである。それは最も強烈に他者と共感し、他者との一体感を求め、そのことによって生きることを実感する感情だからである。いずれにせよ僕等は宇宙的生命、あるいは全体生命と一体感を得たとき生きることの最大の喜びを感じるのであれば、自己自身の生命感情の充実はやはり他者の生命との共感なしには十全なものとはなりえないといってよい。

そしてこの生命感情の働きを、価値認識という面から考えなおしてみるなら、それはとりもなおさず、自分の状態やまわりの情況（対象）が安全なものか危険なものかを感じ取る営みである。とともに生命価値そのもの（またその反価値）を直感する働きであるということもできる。それはまさに、生き物として生き生きと生きることのかけがえのなさ（価値）が実現しているか阻止されているかを自己の中に感じ、あるいは他者とそれを共有しているか他者に阻止されているかを感じ取る心の働きなのである。

もう一度まとめてみると、生命感情は主体に方向を与えるものであると同時に、以上のような意味で、「生」そのものにとって最も根源的で大切なものを感じ取っているということができる。そしてそのような感情は、「欲求」とほとんど同じレベルの心の深層から発しながらも、特定の対象を追い求める欲求とは違って、個体自身の感情状態を示している。しかもそれは知性によっては捉えないものである。たとえ知性がこの事実を知って人に教えたとしても、その人が生命感情そのものを感じなければ、その人には生命感情は分からないまま終わるからである。そこに感情のもつ大きな力、あるいは役割があるといってよい。

（1） 島崎敏樹『感情』（岩波新書）四五頁。
（2） Scheler: op. cit., S. 343（邦訳二八三頁）。ここでシェラーはさらに羞恥や食欲も加えているが、羞恥は次に見る「心的感情」に、食欲は先に見た「欲求」に入れるべきものと思い、ここでは引用を省いた。
（3） Ibid., S. 342（邦訳二八二頁）。

9　私の喜び

次に見るのが、通常僕等が経験する固有の意味での感情、つまり喜怒哀楽の層である。

この「心的感情」こそ、われわれが喜怒哀楽と呼ぶ、最も典型的な私的感情世界を形づくっている。ヘーゲルが「我欲的」で「劣悪な感情」と呼ぶものである。それはとりわけ「私」に属する世界であり、「私は悲しい」、「私は嬉しい」という形で生ずる感情である。もちろん生命感情の場合でも、私が陽気になったり、不安になったりして、そこにも「私」は存在する。しかし生命感情の場合、そういう「私」よりももっと深い層に感情の根があって、自我がどう思おうとどうしようもなく喜びがあふれたり、逆に力が感じられなかったりする。「私」が生命感情にいやおうなく従わされ、その意味で私のものとは思えないところがある。それだけまた生命感情は、根の深い、あらゆる生命に共通する根源的な感情であると考えられる。それゆえにまた、生命感情の豊かな人は、心的感情においても、深く喜び、深く悲しむことができるのである。ただそういう風にいうなら「欲求」はさらに深い所から出ているということもできよう。それは自動作用をもつ本能として、意志的自我で制御しえない時さえあるのだ。

いずれにせよ以上のような生命感情に対して、心的感情はまさに「私の感情」と言いうる世界を形成している。「その感情は全自我と一致した広がりをもっている」(1)といってよい。そして僕等が日々、感じるさまざまなこの心的感情が僕等を行動に駆り立て、あるいは行動を阻止するとともに、さまざまなニュアンスをもって自己と他者とを価値づけていることは言うまでもないことである。もう少し一般的に言うなら、僕等が悲しみや喜びや怒りにとらえられるとき、僕等は自分自身や他人が自分にとってどういう意味（価値）をもっているかを直接感じ取っているということである。

ではいったいこれらの感情は欲求や生命感情とどこが違うのであろうか。その固有の働きとしてどこが違うのであろうか。

そもそも喜怒哀楽に代表されるような私的な感情はなんといっても欲求に根をもっている。少なくとも僕等は欲求が充足されたとき、それを「楽しみ」、「喜ぶ」。そして欲求が阻止されたとき「怒り」、「悲しむ」。それは欲求での快、不快がそのままその人の喜びや怒りの感情として現れでたもののようにさえ思える。しかしながらそのような感情でもそれをつぶさに見てゆけば、実はどれだけ欲求から生み出されたものであろうとも、さらにそれを越えでたものを持っているように思われる。少なくとも例えば芸術作品への感動を先に見た欲求で説明しつくすことはできないのである。そういった感動や感情は、生命体や種の維持を目的とする欲求から生まれたというよりは、やはり精神そのものの要求や渇望から生まれたと見るほうがよいと思える。もちろんフロイトから見れば、感情はリビドーという性衝動の「抑圧」とか「昇化」という概念によって説明されることになるのではあろうが、僕にはそれで説明し切れるものとは思えないのである。ともかく固有の意味での心的感情と欲求がどの点で異なるか見てみよう。

この点について比較的明解な説明をしているのがメゾンヌーヴである。彼は次のような形で相違点を指摘している(2)。

彼ももちろん感情の根が欲求にあることを認めるのだが、彼によると、このことは感情が欲求によってすべて説明されうることを意味しない。例えば、いわゆる本能に根ざした「欲求」は、現実に存在する物を実際に追い求めようとする衝動として存在する。それは現実の対象の獲得やそこからの逃走衝動が実際に満たされることを望む。それに対して「感情」の対象は現実の対象だけでなく想像上の対象を含んでいる。しかもその獲得や拒絶を目的とするだけでもない。

例えばその対象は単に本能（有機体としての生命の維持への欲求）が立ち向かう対象よりはるかに広いものとなり、その対象はわれわれをとりまくすべての外界から内面世界を含むものであり、しかもそれは想像上のものさえ含む。端的にいえば、「感情」とは「何ものか」について心が動いている状態といってよいのである。そしてそういうことであれば、感じる主体にとってこの対象はいわば「情況」と呼んでもいいものであって、メゾンヌーヴは「感情」のことを「情況に対する主体の内的反応」と定義する。実際われわれの感情は、欲求に根ざした感情のみならず、その人のおかれた最も広い意味での「情況」の中でさまざまな心模様を経験するのである。ちょっとした気分の重さ、爽快さ、悲哀、天にも昇る喜びあるいは平穏な幸せなど、さまざまな経験をするわけである。

そしてこのように定義してみると、感情というものの独特の働きが浮かび上がってくる。すなわち、「感情」は主体が「情況」に「適応」する態度を示しているということである。(3) もう少し具体的に言うと「おのおの感情はわれわれの精神作用を環境に調和させ、情況がわれわれに提供するものとの関連においてそれ（精神作用）を方向づける役割を持つ」ということである。

（1）島崎敏樹『感情』四九頁。

（2）Maisonneuve: op. cit.（邦訳二七頁）。
（3）Ibid.（邦訳二八～三二頁）。

10 どうにもならない悲しさ

以上の説明はいまだ抽象的すぎて分かりにくいかもしれないが、実は固有の意味での「感情」というものの本質こそ、「情況」との「適応」あるいは「調和」にあるとみることができる。そのことを「悲しみ」を例にとって説明してみたい。

まず「悲しみ」は「欲求」レベルでの感情ではない。欲求レベルでは対象に対する怒りや憎しみは存在しても、悲しみは存在しない。欲求レベルの感情は何か具体的な対象を求めたり拒絶したりする衝動であるが、悲しみの感情は何か対象を獲得できなかったことによって心の奥が、あるいは精神が傷ついた状態を指しているからである。悲しんでいる精神は、対象そのものに直接関わっているというよりは、対象を獲得できない情況そのものに関わって生じたものである。自我も世界（対象）もすべてを含んだ情況全体との関わりで悲しみの感情が生まれているのである。受験に失敗したり愛しい人を失ったり、思ったような絵が描けなかったり、理由はさまざまであろうが、自分の望んだようにならなかったとき、つまり多かれ少なかれどうしようもない情況が生まれたとき、人の心は傷つき、悲しむのである。しかも「自分が望む」ものは、単に生理的「欲望」だけでなく、人生上の価値（宗教的、道徳的、芸術的価値）だったりするのである。

それは生理的欲求や生理的拒絶を抜け出たところで生じている精神状態といってよい。そのことは少なくとも固有の意味での感情が生理的欲求がもたらす快、不快とかならずしも対応していないことからも分かる。例えば受験失敗の場合、生理的欲求がすべてかなえられている生活をしていても、失敗そのものが致命的な苦しみや悲しみを与えることもありうるし、逆に生理的な不快があろうとも、喜びをもって生きる人もある。場合によっては宗教的マゾヒズムのように生理的不快を喜びの素材にしてしまう場合さえあるのである。いずれにせよ悲しみの感情は、具体的な事象によって呼び起こされるものではあっても、その対象を含んだ情況そのもの、つまりどうしようもない情況全般に対する主体の態度を示している。いいかえると「感情」は本能によって対象を直接求めたり拒否したりする衝動とは別のレベルで働く精神的態度といってよいのである。端的にいえば自分の欲求の存在そのものを悲しんだり、喜んだりすることもありうる、そういう精神の働きによるのである。

ではそれはなぜ、情況に対する「適応」であり、外界との「調和」を意味するのであろうか。メゾンヌーヴはその具体的な説明をあげていないが、僕はこの点を次のように考えている。例えば子供が売場の玩具を欲しがって母親に叱られた時、子供がどうしてもそれが欲しいと泣きわめいて母親に殴りかかったりする。その時の子供にはまだ悲しみの感情が生まれているとはいえない。その時子供の心を占めているのは玩具への欲求であり、それが阻止されたことへの怒りでありる。そして怒りの根源にある攻撃性は母親に向けられている。しかし再度母親に叱られてどうしようもないことが分かったとき、子供はしくしく泣き始める。この「しくしく」なったとき子供に悲しみの感情が生まれたのである。そのとき子供は、ただ攻撃性を母親に向けるしかなかった自分を脱却し始めているのである。攻撃性を母に向けてみても、あるいは自分自身に向けて自分の持っている物を放り投げてみても生きていくことはできない。その「どうしようもなさ」を彼は知り始めるのだ。その壁を攻撃性で打ち破ることができない限り、彼はこの現実（情況）を受け入れるほかないことを知るに至るのである。その時彼の中に悲しみの感情が現れる。つまり悲しみとはどうにもならない情況をどうにもならないものとして受け入れることを意味するのだ。そういう形で悲しみは主体を方向づけるのだ。

11　悲しみとは己を愛おしむこと

しかしながらそこまでであるなら、情況と「適応」したとか「調和」したといえるかどうか疑問である。それは現実に打ちのめされたということでしかないかもしれない。事実メゾンヌーヴは、悲しみとは「適応」であり「調和」であると言いながら、結局悲しみとは絶望に通ずるものでしかない、という風な説明を与えている。彼によると「悲しみは事実一種の地位放棄である。……誠実ならばそれは決定的な諦念、絶対的な絶望の途上にある。明晰であればあるほどそれは闘争の空しさとわれわれの惨めさをわれわれに承服させる。それは受け容れられているから苦痛よりも悪性である。……それはすでに死と虚無の告白である」。彼は「悲しみ」の項目を以上の言葉で結んでいる。(1)

しかしもしそうなら、悲しみの感情は現実情況に適応し調和したとはいえないであろう。もしそれが現実への「適応」であり「調和」であるなら、そのとき人はその現実を受け入れるとともに自己を回復し、その現実を相手にもう一度生きていく意欲を回復させる働きがなくてはならない。その働きこそが「悲しみ」の中にひそんでいる「自分に対する愛情」ではなかろうか。別の著書で以前書いたことであるが、「悲しみとは自己を愛おしむこと」なのである。(2)

どうにもならない情況、例えば愛していた肉親に死なれたとき、その辛さにじっと耐えて葬儀をとり行い、そして最後になってポロッと涙が出てきたら、それは故人への涙であると同時に、自分自身への涙なのだ。たった一人とり残された自己を限りなく愛しむ感情である。子供がしくしくやりだすのも自分を可愛そうだと思うからである。涙の中にある甘さはそのことを示している。別の言い方をするなら、例えばどうにもならない情況におかれてなおかつそれが自分の不甲斐なさがひき起こした事態であるなら、彼はもはや自分を愛することさえできなくなる。その時ひとは悲しむことさえできなくなり、生きていくことができなくなるのである。

もう一度振り返って見るなら、僕等がどうしようもない現実にぶつかったとき、まずはその辛さから脱れようと努力し、それもかなわぬとき、怒りわめく。しかしそれでは現実と和解したことにならないし、適応したことにもならない。確かに現実と和解せず怒り続ける場合もありえよう。それも一つの「適応」の仕方である。しかしもしその時そのどうにもならなさがまさにどうにもならないものとして心に滲みて悲しみの感情が生まれたなら、それは現実を受け入れて、なおかつ、その受け入れた哀れな自分を愛しむことを知ったのである。だからその時、辛くともこの現実の中で生きてゆこうとする気持が生まれていると見ていいのだ。だからこそ悲しみの感情は、現実（情況）に対する適応でありまた現実との和解でもあるのだ。劇場に涙しに出かけるのは、悲しみそのものが癒しの力をもつからであり、その癒しは、現実を許すとともに己への愛をもう一度回復させるからなのである。

（1） Maisonneuve: op. cit.（邦訳六五～六六頁）。
（2） 拙著『ベートーヴェン　闘いの軌跡』（音楽之友社）八七頁。

12　折り合いをつける「感情」

これまでの話をまとめてみると、欲求レベルと固有の意味での感情は、それぞれ対象（情況）を異にするのみならず、[1] その対象に向かう主体の内容も異なっているということができる。一方の主体が自動機制となっている本能であるとすれば、他方はまさに精神と呼ぶにふさわしいものである。後者は外界のみならず自己自身の情況をも対象化し、それに意味を感じ、意味を与える力をもっているからである。むしろこう言った方がいいかもしれない。われわれ人間は、単に生理的欲求が満たされただけでは生きてゆけない生き物であると。そしてそれだけでは生きてゆけないと感じさせるものこそ精神であると。実際、生理的欲求を求める自分に腹を立てたり、その自分を可愛いと思ったりする心の働きを僕等は疑うことはできない。そしてそのことは、固有の意味での感情というものが欲求のレベルを越えた、欲求自身をも対象化しうる「精神」によって生み出されたものであることを示している。

そしてここまでくると、感情というものが喜怒哀楽をさらに越えた真、善、美を感じ取ることのできる感受性である点に話を進めることができる。例えば僕等の感情の中には、「ものみな麗し」という風な感情さえ宿るし、人生そのものへのいわば形而上学的と呼んでいい感情もまた存在する。ヘーゲルのいう「実践的感情」の「真実態」である。しかしながらそこに話を進める前に若干考察しておきたい点がある。この「心的感情」には、独特の不確定な要素がある。それはここでいう感情が一種の「適応」であるがゆえに、例えば「欲求」やあとで見る「精神的感情」に比べてみたとき、主体を行動に導く力としては独特の不安定なふるまいを見せる点である。それが「適応」であるということは、すでに別の独立した力を前提している。それに対して精神がどうふるまおうかという時に「適応」が生じる。ということは、感情独自の世界があるとはいえ、それより強力な現実がすでに存在して、それが決定的な力を人間に及ぼしていると考えられるのである。ともかく心的感情の世界にもう少しとどまって、その辺を考察しておきたい。

すでに「悲しみ」の感情の例でも話したように、感情が対象の中に意味を読みとるということは、精神が対象に対して「適応」することだと見てよいのだが、このことは精神が主体の意図や意欲との関係で情況と折り合いをつけるということである。そしてまわりと折り合いをつけざるをえない関係が生ずるのは、人間の主体の意図や意欲が「欲求」という生命の最も根源的な力に根をもっているのに対して、「情況」（現実）がその欲求を容易に満たしてくれないからだという風に考えることができる。そこで「精神」は、複雑な情況にさまざまな意味を付与することで折り合いをつけているといってよい。あるときは「喜び」をもって情況も欲求をも肯定し、あるときは欲求と一緒になって「怒り」をもってこれを変えようとする。またあるときは、情況の変革を断念し、自分の欲求が否定されたことを「悲しみ」、自己を愛おしむ。そういうことから考えると、ぼくらの多くの感情が基本的には欲求と情況とのかねあいから生じてきたものであることが分かる。実際フロイトのいうように「欲求」こそ人間を行動に駆り立てる最も基本的な力とみてよいのだ。しかしながらすでに見たように、そうだからといって人間の行動や感情がそれによって説明しつくされるわけではない。この「欲求」と「情況」の狭間にあって、それに折り合いをつけようとする心の働きそのものが、欲求とは別の次元の「精神」の存在を示しているからであり、それこそが固有の意味での感情だからである。そしてまたその感情が欲求の方向とは全く逆の方向を取りうることもすでに述べた通りである。

さらにもう一つ、人間の主体の意図や意欲として強力に働くものとして、すぐあとで述べる「価値観」あるいは「価値感情」がある。この価値観と現実が衝突したとき、心的感情はここでも同様のふるまいをみせるわけである。価値観と現実（情況）が齟齬をきたさないかぎり、心的感情はまさに喜びの感情として自己を肯定できるが、そこに齟齬が生じたとき、心的感情はそこに折り合いをつけるという形で、主体に新たな方向性を示すことになる。それは欲求と現実が齟齬を生じた時と同様なのである。

ところでヘーゲルの立場から見れば、価値観は本来理性によって把握さるべきもの、あるいは理性そのものが生み出したものであるから、感情がそこで適当な折り合いをつけるかぎり、感情は信用ならないものであるし、まして欲求に引きずられるのは言語道断という話になるわけである。だからそのようなとき、まさに「意志」の出番がやってくる。欲求や心的感情に逆らってでも、「意志」によって理性の要請する価値を実現しなければならないという風になるわけである。

13　ほんとうに僕を支えるもの

感情の世界として最後に出てくるのが「精神的感情」の世界である。シェラーが彼の哲学の中でこういう世界を指摘し、そう命名したとき、彼はここに「宗教的感情」すなわち宗教的意味での「浄福」と「絶望」の感情だけをあげていた。(1) しかしシェラーが言うように「精神的感情」が、「心的感情」のような「何ごとかについての」自我の感情ではなくて、それ自身がその人の存在全体を支えるようなものだとすれば、それは最高の意味での価値に関わるものであり、その人の人生を支えてくれる価値を直観したときの感情と考えてよい。それは「価値感情」と名づけてよいものである。その価値を宗教的価値に限定したのはシェラーが宗教家であったからであって、僕としては人を支える精神的価値として美的価値も道徳的価値もあげたいのである。もっと一般的に言えば真善美といった価値である。そしてそれらの価値は、メゾンヌーヴにならえば「本能と情況との二重の奴隷から脱すること」を可能にするものである。(2) それは本能と対決しながら、あるいは本能を自己の中に位置づけながら僕等のもう一方の主体の軸となりうるものである。それは僕等人間が心のどこかで自分を支えるものを求めるかぎり、暗黙のうちにもどこかで感じている大切な何かである。言いかえると、それは自我を越えたものである。あるいはフロイトのいう「超自我」についての感覚である。それは個々人の主観的な心的感情を越えて、精神が自我を支える普遍的なものを目ざしたときの何者かを指し示している。だからこれこそヘーゲルが真の実践的感情と名づけた「宗教的感情、道徳的感情、法的感情」といったものである。

このような精神的感情（価値感情）が、われわれ人間の真の主体性の根拠になりうることは言うまでもないことである。その点に関しては、ヘーゲル自身もそう考えていた。そして僕自身もそう考えている。精神的価値が単に主観の生み出した欲求の形象化、あるいはフロイトのいう「昇化」ではないという点はシェラーが言葉を費やして説明しようとしたものであるが、「昇化」について付け加えるなら、僕は人間の精神現象の驚くほど多くのものが「昇化」によって説明されうると思っている。あるいはフロイトのいうリビドーに限定しなくとも、現代の精神医学が解明してきたこれに類するさまざまな分析を受け入れる用意がある。僕等が人生を支える真実の価値に出会ったと感じているときにさえ、それが感情の錯誤であったりすることは、例えば新興宗教の例のみならず芸術の世界でもいくらでも観察することができるし、そういう錯誤が生じているときこそ、まさに「昇化」理論が見事に適用されるに違いないことも想像できる。ニーチェのルサンチマンの理論はそういった点を解明した例であろう。

にもかかわらず僕等の精神は、単なる生き物、単なる自我を越えて、それを支え正当化してくれるものを求めている。その事実を疑うことはできない。そこに現れた精神的価値あるいはその価値感情は、これまで見てきた感情とは別のレベルのものであり、「欲求」と対極にあってもう一方の「主体」の軸になりうるものである。そういうものとして僕らは真の「愛」と呼びうるものを知っているのであり、人間相互の愛から生き物すべてに及ぶ愛を知っているのだ。あるいは「美」が人を支え、「真実」が人を支えるのを知っている。だからこれらの精神的感情はその人の行動を決定する主体の原理になりうるものだ。その点ではヘーゲルもそのように考えていた。

（1）　Scheler: op. cit., S. 344（邦訳二八五頁）。

（2）　Misonneuve: op. cit.（邦訳五一頁）。

14　愛は感じてこそ

しかしながらヘーゲルはこのような価値感情（ヘーゲルのいう「実践的感情」）が捉えた価値そのものは本質的に理性的なものだという。それは感情の世界で成立し、感情によって把握されるように見えて、実はそれは理性が生み出したものであり、したがってまたそれは究極的には理性によって把握されるものだというのである。この「精神的感情」は真に理性的な価値内容が、単に「感じられた」段階を示すにすぎないのであり、「感じられた」ものの内容はほんとうは理性による概念的把握を待っているというのである。ほんとうにそうだろうか。僕には価値自身もそれを認識する直観という方法も本来感覚や感情世界の出来事のように思えるのである。いずれもが基本的に感覚や感情世界のものと思われるのである。例えば神の存在をどれほど理性的に論証されようと、神を感じなければ神は自分にとっては何ものでもないし、神は存在しない。たとえ「人を愛せよ」と理性に命じられたとしても、愛を「感じ」なければ、愛は存在しない。芸術作品の素晴らしさをどれほど説かれようと、それを感じることができなければ絵も紙屑同然である。道徳にしてもそうだ。その一番大切な価値と呼ばれているものは、僕等が己の中にそれを感じ、そしてまた信じることによってこそ、それは存在するものとなる。もちろん価値を理性で把握することはできるし、そのことによって、価値を理性的思惟の対象にし、僕等はそれによって、さまざまな知見を得る。だから価値感情は価値観にまで理性化されうる。しかし価値そのものはあくまで感じたり信じたりすることによってしか獲得されないし、存在しえないのである。だからまた僕等はそれを捉えるとき、感覚、つまり直観によるほかないのではあるまいか。直観による感覚的把握の裏づけのない概念は、意味を担うことができないのである。ただヘーゲルは直観もまた本質的に知的な働きと考えている。その点についても承服できないが、そのことについてはすぐあとで、節を改めて検討したい。

ともかく人間の感情のなかに以上のような精神的感情、つまり価値感情が存在することはまぎれもない事実である。そしてそれはあらゆる事象に対して、文字通り価値判断を下すと同時に、その人を支えてくれる。いわば人が生きていく究極の柱にもなりうるようなものである。つまりそれは人間の主体性を真に支えるものとなりうる。ただこれまでの四つの感情全部をもう一度振り返ってみるなら、精神的感情が現れたからといって、それが一方的にその人の主体の原理になってしまうわけではない。おそらく「欲求」も「心的感情」もそれぞれの価値を主張して、自我の中で主体の座を争うのである。ただここで言いうることは、人間が精神的価値と呼びうるものを獲得したとき、その人は自己の中に最もしっかりした支えを得るだろうということであると同時に、このような精神的価値の発見は感情世界の直感あるいは直観によるほかないということである。そのことはすでにパスカルやベルグソンによって指摘されていたことであり、シェラーがもう一度体系的に論じたことでもあった[1]。

（1）　Scheler: op. cit., S. 270（邦訳一七五～一七七頁）。

15　直観は「感覚する知性」

しかしながらこのような精神的価値が、いかなる人間の能力によって捉えられるのかという点になると、ヘーゲルの場合、先に触れたようにここでも理性が登場する。

もちろんその場合も「感じられた」とき、それはまずは直観によっている。すなわちそれは知的認識であるよりは、感覚や感情の世界の出来事であると一応は考えられる。ところが出発点のところでヘーゲルはそうは考えない。彼からみれば、「直観」そのものが、実は知的認識の一段階だという。そもそも直観の対象そのものが理性的なものであると考えられているから、それを認識する側もまた本質的に理性的能力が行使されていることになるのである。彼が「理論的精神」の章の「直観」の節で強調するのはそのことである。ただ直観というものが、ある直接的な感覚であるという性格をもつかぎり、彼はこういう価値への感受性である直観を「感覚する知性」と呼び(1)、あるいはシェリングの「知的直観」という言葉を援用するのである(2)。

もちろんすでに見たように、これらの価値は表象を経て思惟の対象になり、まさに理性的認識の対象になって、価値観というものが形成されたりする。しかしそうだからといってこの価値が最初から理性的なものであったことにはならないし、ましてそれを把握する能力としての直観が理性的なものであると考える必要はないと僕は思う。それは感覚的確信の対象である自然事象が「意識」や「理性」の対象になり、そこに知的認識(科学)が新たに生まれるとしても、感覚的確信自身が「理性的」であるとはかぎらないのと同じことである。科学はある意味で、感覚自身が捉えたものより正確に事態を捉えることは確かであるが、それでもそのときの「知覚」や「悟性」が「感覚」そのものにとって代わることはできないし、知覚や悟性が自分の認識の正しさを証明しようとすれば、再び感覚に帰ってきて、感覚の捉えているものにその正しさを証明してもらうほかない。つまりそのとき、感覚こそ知性の正しさを証明する決め手になっているのであり、感覚は独自の認識能力を事実上認められているのである。それが科学的「実証」というものである。

そしてそれと似たようなことが直観にも当てはまると思う。直観は理性的認識には還元できない独自の認識能力であり、しかも理性以上に根源的認識能力だと僕は思うのである。

そういえばヘーゲルは直観の節で、感覚的確信と直観の違いを説明している。(3) しかしその前提として、明らかにこの二つのものの一種の対応関係が想定されている。それは、いずれもまずは対象の全体を一挙に「感じる」(感覚的確信、直観)ことから始まっているということが第一であり、次にこれを一般的なもの(一般的観念や一般的表象)に関係づけることによって、それを「知」にまで高めてゆくという操作が生まれてくるということである。その点は同じようなプロセスを踏むのだが、決定的な違いは、感覚的確信の場合は、対象があくまで感覚的な個別存在であるとともに、そうであるがゆえに、認識主観(意識)と対象は相互に独立したままであるのに対して、直観の場合は、認識主体も対象も理性によって直接結ばれている点にあるとヘーゲルは言う。そして直観が、その方法、対象ともに理性的なものであることを論証しようとしている。彼は「理論的精神」の三つの段階の第一の段階として「直観」を位置づけ、それがさらに「表象」、「思惟」という段階に進んでいく形で、対象の理性的内容が明らかになるという。その三者がいずれも知的、理性的認識行為であるという。しかし僕にはその説明が成功しているようには思えないのである。

もちろん彼も「知のあらゆる分野において――とくにまた哲学において――事象の直観から話を始

めざるをえないのは、もっともなことである」といい、「思惟の基礎に」この「直観が確固として存在する」ときにのみ、思惟は「真実なものの外に踏み出さないで」事象の考察を進めることができると言っている。(4) 直観がなければ話は始まらないと一応は言うのである。その点は彼も認める。ところが、彼によればこの「直観」はまだ「認識する知ではない」(5)。それは要するに「感じられている」にすぎない段階だという。感覚的確信がそうであったように、それは観念によって展開されなければ「知」とは呼べないわけである。だからそれが「知」になる第一歩は「表象」という手続きを行うことである。そして「表象」は先の「直観」を心のなかでもう一度「想い起こし」（想起）、観念化することによって得られる。そしてこのような表象によって「思惟」が可能になる。そういう手順を踏んで価値感情についての「知」が得られるわけである。

「表象」によってそれが「知」への第一歩を踏み出すというのはよく分かる話である。僕も表象は一種の知的な働きであると思う。しかし「直観」と「表象」を分離してしまえば、直観が知的な働きであり、理性の働きだということをヘーゲル自身、論証できないことになってしまうはずである。分離すれば、直観の中から、知的要素がすべて排除されてしまうからである。だから彼は直観を「認識する知ではない」と言わざるをえなかった。にもかかわらず彼は「直観」は「感覚する知性」だとか、「感じる精神」(6) だという。そういうとき彼は断定的でさえある。直観が同じ知性の働きとして表象の段階を自ら生み出すことを説明した文章を探せば、次のようなものがある。「したがって精神は直観を自分のものとして措定し直観に浸透し、直観をある内面的なものにし、直観の中で自分を想起し、直観の中で現前し、そしてそのことによって自由になる。知性はこの自己内進行によって自分を表象の段階に高める」[7]。この場合この文章の中の「精神」に感情や感覚を含ませるなら、このように言って差し支えないが、それにしてもこれでは直観が知性の一種であることの論証になっていない。もともとここでの「精神」が「理性」を意味することはまぎれもないことであるから、論証かどうかという点からこの文章をみると、むしろ断定しているとしか言えないのである。ともかく彼は、直観のことを一方で「感覚する知性」だといい、他方で「認識する知ではない」と言うのみである。僕から見れば、全く矛盾することを言いながら、それを説得力ある形で解決していないのである。

(1) Hegel: Enzyklopädie, Ⅲ, S. 248 (邦訳下、九六頁)。
(2) Ibid., S. 254 (邦訳下、一〇七頁)。
(3) Ibid., S. 254 (邦訳下、一〇七頁)。
(4) Ibid., S. 254 (邦訳下、一〇七~一〇八頁)。
(5) Ibid., S. 255 (邦訳下、一〇八頁)。
(6) Ibid., S. 246 (邦訳下、九三頁)。
(7) Ibid., S. 256 (邦訳下、一一〇頁)。

16　ヘーゲルの矛盾

実をいうと彼がこのように矛盾した言葉を吐く気持は非常によく分かる。直観はヘーゲルがまさに直観しているように、感覚的把握であると同時に知的なものであるといってよいからだ。しかし実際に直観の分析をするとき彼は直観のなかにある知的要素を排除してしまったから、彼は矛盾する言葉を吐くことになったように思われるのである。

直観が本来知的要素を含むというのはこういうことである。すでに述べたように、自然界に直面した「感覚」もすでに知的要素をもって「観念化」をしていたが、ここでいう「直観」も同様に、すでにその中に一般化、観念化という知的要素をはらんでいるのである。直観は確かにまだ言葉や概念を知らないし、ましてその内容の分析をしているわけではない。その意味で、知的でないと一応いう事はできる。しかしそれは明らかに何ごとかを掴んでいる。そして「直観」が、「何ごとかを掴んでいる」という一種の自覚を意味するのは、そこに何らかのパターン認識がすでに存在するからである。そのパターンは言葉や記号によるパターンではない。しかし嫉妬の経験は嫉妬という言葉を知らずとも、それが嫉妬であることを直観させる。先生が怒って怒鳴るとき、そして「これは君たちのために言っている」と言うとき、子供達はそれを言語化できず、分析できないとしても、それが実は先生自身の自己満足にすぎないことを直観している。僕等はさまざまな感情経験のなかで、感情経験のパターン認識（すなわち表象化、観念化）をしている。それは言語化を伴わなくともやっていることだ。むしろ伴わないことのほうが圧倒的に多いだろう。にもかかわらず僕等は「直観」を働かせている。そして、直観という感情把握、価値把握が、まさに一つの認識であるかぎり、そこに記憶や表象というものが働き、一般化が行われており、嫉妬なら嫉妬という微妙な感情のアイデンティファイが行われているはずなのだ。同じような不快な気持の中から、相手への人間性への怒りでもなく、相手の不手際への怒りでもなく、それは嫉妬だというパターン（表象）認識が行われているのだ。そういう一種の知覚をわれわれは直観と呼ぶのである。だからそれが言語化されずとも、それに応じた反応を示し、行動をとるのである。言語化されるのはおそらく氷山の一角にすぎないのである。

ところがヘーゲルはそういう暗黙の内に働いている記憶や表象を直観から分離して、それは次のステップだと言い、その内容をこと細かに説明する。そうすることによって彼は、知的要素を直観から剝奪し、本来認識は知的なものであるという方向へ話をすすめてゆく。そして、認識行為の中からできるだけ感覚的、感情的要素を排除していくのである。もっとはっきり言えば、彼が知的認識と認めるのは表象が一般的観念（言語）にまで抽象された場合であって、そういう観点から見れば、先ほど僕が見たような直観の中にある暗黙のパターン認識は認識とは呼べないわけである。そこで感覚のときと同じように、直観もまた一切知的要素をもたない、直接的な全体知覚であるという風に決めつけたのである。

しかし純粋に感覚的なものになってしまった直観を認識のプロセスから放り出すこともできない。

なんといっても直観が認識の端緒であることは否定できないからである。そこでヘーゲルはいったん直観を感覚的で、一切表象と関わらないものに限定しておきながら、他方では「感覚する知性」だといって、もう一度これを理性の中に取り込もうとしたのである。しかしそのことによって、彼は矛盾に陥ってしまった。彼自身は実は直観の中に知的なものをそれこそ直観しながらも、彼が理論的理性の展開を述べるときは、すべてを理性で説明しきろうとして、直観の中の知的要素を排除してしまい、自分自身の直観を裏切ってまで理性的世界像の完成に急いだように思えるのである。そして最後まで残っていた感覚的要素を、理論的理性自身が生み出したものと断じることで辻褄を合わせたのである。要するにヘーゲルは、直観や感情に独自の役割を認めることを拒んだのである。

とはいえ僕等が価値感情の認識をするときの手続きはヘーゲルのいう通りで、表象行為を直観の中に含めるか、理性の中に含めるかはどちらでもよいことで、認識プロセスの実体は変わらない。むしろ彼が直観から表象、思惟という認識プロセスを説明する手並みは見事なものである。とりわけ彼が「構想力」という項目で展開している議論は、僕等が直観の世界で、さまざまに思いを巡らし、それが一つの知的認識に至るプロセスを見事に捉えている。だからそういう認識過程については僕は問題ないと思っている。しかし、直観の中に知的要素を認めるか、それとも知的要素を排除するかという点は決定的な違いを生む。それは人間精神にとって、理性と感情のいずれが根源的な働きを持つかという点に行き着くのである。彼の立場に立って、表象を直観から切り離すと、認識はあくまで理性の仕事だという世界像になってくるが、表象とりわけ暗黙のパターン認識を直観の中に含めて考えると、人間の認識は根源的には感覚や感情の世界の出来事だという結論が出てくる。だからこれは直観の定義の問題を越えているのである。

　僕はそこで、この章の最後に、理性と感情の関係について話してみたいと思う。僕自身いずれが根源的かと問われれば、やはり感情のほうだと言いたい。しかし実際の両者の働きは、それこそ分離して存在するものではないし、いつも相互に影響しながら働いていると考えられるから、独立したものとして考えること自身が、判断を誤らせると思っている。ともかく最後に理性と感情の関係について、いま考えていることを述べたい。

17　感情こそ生きる支え

まず感情についてこれまで見てきたことを振り返ってみよう。この章で見てきたように、感情には驚くほど多様な働きがある。それは幾層にも分かれながら、しかも現実にはこれらが分かちがたく一体となって作用していると見なければならない。性愛のように四つの層が見事に溶け合って存在するものがあるとすれば、また精神的感情と欲求とがぶつかりあって、心的感情に大きなフラストレーションをひき起こしていることもあるであろう。

　しかしいかなる状態にあろうとも、それらは人間を行動に駆り立て、方向づける根源的な力であることによって、主体の原理そのものである。それとともにそれらはそれぞれのレベルにおいて価値を認識する力である。それは人間が生きていくうえで最も大切なものを、肉体的快楽から精神的満足に至るまで教えてくれるといってよい。それがどれほど錯誤にまみれようと、その認識によってこそ人は生きていく方向を見いだすのである。だからタオも次のように言う。「感情の構造が、過去の記憶を保持し、それを現在の状況に適用し、……対象的意味の統一性にしたがって自分を導く主体の自律性を生み出すのである(1)」と。そしてこういった点の認識能力において知性は何ほどの力にもなりえないとさえ言える。もちろん理性は感覚や感情の経験からさまざまな推論を下して、感覚や感情の認識作用に取って代わることも多い。実際そういう形で僕等は多くのことを判断している。にもかかわらず、その推論が正しいかどうかは、依然として最後は感覚や直観が決め手になるのである。感情の錯誤を発見するのもまた感情の直感力や直観力の一種である共感能力をおいてほかにないからである。ある人が何か宗教的情熱をもってその信念を訴えたとき、それは他の感情同様、さまざまな感情複合体として現れるに違いない。その中に含まれている、利己的な感情や何かしら鬱屈した怒り、あるいは勝手な自己満足、あるいは真正の宗教的感情など、そういった微妙な違いやその強さを嗅ぎ分け、認識する力は直観や共感性をおいてほかにない。理性的認識はそのあとのことである。はっきりしているのは、そういうさまざまな感情のニュアンスを感じ取る感受性がないかぎり、理性的認識は貧弱なものに終わるということである。しかも人間社会における最も基本的な認識と行動はそういった感覚や感情の世界から成り立っているといってよい。

（1）Trần Đúc Thảo: Phénoménologie et matérialisme dialectique, Editions Minh Tan, Paris, 1951（竹内良知訳『現象学と弁証法的唯物論』合同出版、一九〇～一九一頁）。

18 理性は人を癒す

そういう風に見たとき、いったい理性はどのような働きをするのであろうか。まず考えられるのは、因果律で世界を把握しようとするとき、絶大な威力を発揮するということである。その点は、現代の科学の成果を見れば歴然としている。感覚的自然を因果律で捉えて、これを加工し支配しようとするとき驚異的な力を発揮する。それは僕等の単なる感覚による把握をはるかに越えている。さらに個人のみならず社会の問題でも因果律で考察できる局面では力を発揮する。これらは誰もが認める理性の絶大な働きであろう。しかし理性の働きはそのような現実認識という働きにとどまらない。

例えば僕らがさまざまに物事に思いをめぐらし、庭先の小鳥の姿に不思議を覚えたり、政治の動きのいわれを考えたりするとき、そこには独特の喜びが生じることがある。つまり単に因果関係をたぐり寄せていくという理性の営みそのものが僕らに喜びをもたらしてくれるという経験をする。「考える」という理性の行為自身が喜びという感情を伴ったものでもありうるのである。事実、学者という存在は考える喜びに一生をあずけた人々のことであろう。「考える」という行為は発見の喜びを与えてくれるが、その喜びを知ったとき、考えるそのことが無上の喜びともなりうる。アルキメデスが風呂から飛び出して家に飛んで帰った姿はその喜びを表している。それはあたかも理性そのものが、脳の生理的活動とともに、生気を帯び、理性がまるで一つの感情、意欲となって、自らを喜んでいるのではないか。そういう力が理性そのものにあるようにさえ思えてくる。事実、ヘーゲルも理論的理性は「知の衝動」であるともいい、「精神は本質的に活動」であり「衝動」であるという。(1) そしてここに、理性自身が喜びの源となり、理性自身が一種の感情性を伴っていることが暗示されているように思う。いやそれ以上のもっと大きな力を理性は持っていると思うのだ。

僕が言いたいのは、発見の喜びに象徴される理性の力の背後にはもっと根源的な何かがあるということなのだ。そしてヘーゲル自身が言いたかったのもむしろこの点だと思う。それはなんといっても理性が認識能力であることによって、人間の生き方、あるいは価値観、さらには感情そのものにさえ絶大な影響力をもつ何かだということである。しかもそれは素晴らしい力を発揮してくれるということである。

確かに僕等は心の中から湧いてくる感情やそれに呼応する直観や共感というものよって、最も生き生きと生きることの実感を得るし、それがないと生きてゆけないのだが、こういった感情や感覚の世界はまた錯誤にまみれたものでもある。あるいは先ほど見た四つの層の感情はそれぞれに自己を主張し、僕等はその渦の中で翻弄される。いや一つの感情でさえ、その過剰や減退に悩まされる。そのときこそ理性はそれを見通すことで、事態を透明化し、自己自身をも透明化する。そしてそれは人間にとって救いとなる。そもそも僕等が苦しみもがくとき、僕等は知らぬ間に理性に助けを求めているのだ。そして、その悩みから脱却するということは、理性がその苦しみの根源を教えてくれたときである。そういう理性の力を最も劇的に示したのが、逆説的だが、ヘーゲルよりはむしろフロイトなのではあるまいか。

ヘーゲルの理性論を聞かされても、「あなたのように、理性の力を行使できたらいいけど、私どもはそうはまいりません」とでも言いたくなる。しかしフロイトは逆に、人間は欲求に支配されているのであって、理性はそれを正当化する上部構造にすぎないといい、理性がいかに無力であるかと説いた。ところが驚くべきことに、そのフロイトが精神疾患を治療する方法として絶対的な信頼を寄せていたのが理性なのである。神経症は、その原因を理性で認識することによって治癒する、というのが彼の基本的な考え方であり、それを信じたからこそ、彼は精神医学という学問を打ち立てたのである。いわば理性の認識力と治癒力を方法化したのが彼の精神医学だったといってよい。のみならず、彼は理性による学問的分析によって感情世界に光を与え、この世界を透明化したといってよい。個々の事実認識は依然として直観や共感によるほかないとしても、そこから構築された理性的推論によって僕等は新たな知見を得ることができるようになったのである。

フロイトは欲求の支配力を示そうとして、逆に理性の力の大きさをヘーゲル以上に劇的に示していると思う。しかもこのような理性の力はもちろん、病的なケースだけでなく、むしろ日常僕等が経験しているものなのである。

そして理性がこのような治癒力とでもいえる力を持つことは、見方を変えていえば、理性は感情を大きく変える力をもっている、いやまさに感情そのものといっていいほどの働きを持っているということを示している。だからヘーゲルは思惟によって生まれた「意志」を「意欲する知性」とまで言ったのである。僕等が悩みの中で、遂に何ごとかが分かったとき、僕等は新しい世界が開かれるとともに、自分が新しい感情世界にいることに気づく。それはカントやヘーゲルのいう当為の命題が理性によってもたらされるなどということをはるかに越えている。そして、ヘーゲルももちろんそのことを知っていた。例えば彼は「直観」を扱った所で、人間が自分の内面を直観するとき、それはその人をその感情から解放するという。ゲーテは『ヴェルテル』を書くことによって苦しみを和らげることができたと言うのである。(2)

(1) Hegel: Enzyklopädie, Ⅲ, S. 237（邦訳下巻、七七〜七八頁）。
(2) Ibid., S. 251（邦訳下巻、一〇一頁）。

19 理性も感情も

このような理性の働きをみるとき、理性が人間の根源的な精神の働きであることを知ることができる。僕らは苦しみにあうたびに、「なぜだ！」と問う。そしてその答えを理性によって得ようとする。そういう問いかけ自身が人間の中に理性が働いており、それが人間を導く力であることを示しているといってよい。それはとりわけあの価値感情が捉えた価値を概念で捉え直し、それが僕等にとってどれほど重要かを教えてくれる。つまり価値観を確立してくれる。そのことによってまた、僕等は真に主体性を確立する。だからヘーゲルは理性こそ主体性を確立する手だてだと考えたのであろう。のみならず理性によってこそ「感じたもの」の意味が概念的に把握され、透明化されうるとすれば、理性こそ世の中すべてを見通し、人を苦しみから救う根源的な力だと思えたに違いない。確かにそう言っていい働きを理性は持っている。

しかしながらそうであっても理性が見通す対象となった感情世界の獲得やその認識は依然として直観や共感あるいは感覚によるほかないのである。人間のさまざまな世界に対して怒ったり、頷いたりしながらそれを直接捉えるのはまさに感覚や直観である。これが働かなければすべてが始まらない。それが言語化され、理性で把握されるのはほとんど氷山の一角と見てよい。そこのところを見逃すわけにはゆかない。しかも最終的に人間が生きてゆけるのは、まさに感情が充実されるときである。とりわけ精神的感情に満たされたときである。この感情を理性が与えてくれないことは、すでに書いた通りである。

ただ感情はあまりに錯誤に見舞われることが多い。それは確かにそうだ。しかしそういう風に言うのであれば、理性もまた錯誤に見舞われることもきわめて多い。理性は己の判断と、それにもとづく指針を与えてくれるが、そのとき本当は理性は、目に見えないもう一つの感情や欲求を正当化するために役立っているにすぎないこともしばしばある。実はフロイトは、理性は結局そういう役割しか持たないではないかと言ったわけである。理性の背後にはいつも隠れた動機、もっとはっきり言えば無意識の欲望があり、あるいはそれが傷つけられた心的状況がある。理性はそれをカムフラージュし、現実の自分に言い訳をしてくれるものなのだ。そして現にそう解釈したら事態がはっきりすることもきわめて多い。僕自身何度そういう経験をしたか分からない。

しかしながらまさにそういうからくりを解き明かしてくれるのもまた理性である。からくりに見られる胡散臭さを敏感に感じ取るのはここでも直観であるが、その構造をはっきり示してくれるのは理性なのだ。そしてまたそれが理性によって見通されたとき、そこに新たな認識が生まれるとともに、より開かれた新たな感情が生まれる。カムフラージュのからくりを知ったとき、新しい自分が生まれる。だからここには理性と感情の相互作用のようなものがいつも働いていると見るべきではあるまいか。いわば理性と感情の弁証法とでも言っていい相互の働きかけがあって、人間は素晴らしい充実した生を享受できるようにできているのではあるまいか。感覚、感情が貧弱になれば理性も貧困になるほかはないし、理性が貧弱になれば感情世界は粗暴になるであろう。いずれも相互に働きかけあうことによって、人間は十全な存在になり、真の主体性と呼べるものが形成されてゆくのではなかろうか。

いまの僕には理性と感情の関係についてはこれ以上のことは言えない。要するにヘーゲルのようにすべてを理性に還元するには無理がある、にもかかわらず彼は無理して理性中心に話を組み立てているように思うのである。彼が軽蔑した欲求でさえ、そこから力を汲み取らないかぎり、人間は主体として生きてゆく力を得ることさえできないのである。それがなければ主体は働き出さないのである。

第5章　悟性と観念論

1　「意識」の運動と透明な自我

この辺でもう一度『精神現象学』の主題に立ち戻ることにしよう。

これまで見てきたように、ヘーゲルにとって精神が透明になることこそが、人間が真実を獲得することであり、精神が精神になるということであった。それは対象であるこの世界を透明に見通すことができるようになることであると同時に、そのことによって雲のかかったようにもやもやしていた僕等自身の精神が透明になるということであった。そしてまたそうなった時、この世界も根本的に自己の内なる精神と同じものから生成されていることが理解されるという風に考えられていた。対象が自己と同じ精神から成り立っているからこそ、この世界はわれわれにとって理解可能であり見通すことができる、そういう構造になっていたのである。

そしてこのような基本構造を心に抱いて彼が人間の認識能力の獲得過程を考察していったのが「意識」、「自己意識」、「理性」といった主観的精神の三段階と考えることができる。しかしそこへ行くまでの「意識」内での感覚的確信、知覚、悟性という三段階の認識能力の獲得運動もまた同じ視点から考察されていたように思われるのである。つまりこの意識の三段階はいうまでもなく認識能力の一種の発展段階として捉えられているが、それぞれに不透明な対象が次第に透明化されていくプロセスとして考察され、そのことによってさらに次の透明な「自己意識」が獲得されるという風に議論が進められているように思うのである。少なくともそういう風に解釈すると、彼の思考の道筋がはっきりと見えてくるとともに、その問題点もはっきりしてくるように思われる。そこでこの章ではいよいよ『精神現象学』の最初の「感覚的確信、知覚、悟性」という三段階の認識の歩みを、精神の透明化のプロセスとしてもう一度見直し、そういうヘーゲルの位置づけがどこでどうおかしかったのか、その点を一つひとつ見ていきたい。

2　不透明な感覚的確信

まず感覚的確信から話を始めよう。すでに書いたように、ヘーゲルのいう感覚的確信は「知」としては「或るものが在る」ということを示しているにすぎず、それは知というよりは、単に感覚器官によって受動的に感じられた一種の生理現象が存在するにすぎないように考えられていた。ヘーゲルの立場からすれば、例えば視覚は平面としての色と形を認知するにすぎなくて、その裏にまで廻ってその立体構造を把握することはできない。それができるには、一般的空間概念を必要をするのであり、それは知覚の段階に至って初めて可能になるのである。いうなれば感覚のレベルにおいては、視覚に映った平面の向こうは不透明なままに残されるのである。少なくともヘーゲルの立場から言えば、感覚的確信は「……は……である」といった一般的言語命題で表明される以前の、感覚作用として現れた対象のことであって、「知」とは呼びえないものであった。それは「観念化」を知らないからだ。それは知によって透明化される以前の不透明な素材としての意味しか持たされていないといってよい。

そもそもヘーゲル自身が言うように、意識が何ものかについて真理を得ようとするとき、われわれは何らかの意味で知と呼びうる観念や表象を対象から抽象して、この知と対象をもう一度つき合わすという作業を行う。この作業によって知が真理であるかどうか検証するわけである。ところが感覚的確信の場合はこの対象との「つき合わせ」そのものが不可能である。というのは感覚は、対象を感覚器官の作用として、あるいはその作用の流れとして受け入れ、その限りで対象を認識しているのであり、その作用の正否を確認するための対象をもたないからである。というのは感覚作用にとって対象とは感覚作用そのものであり、それをおいてほかに対象は存在しないからである。それゆえ感覚は自らを「確信」するほかないといっていい。と同時にそれはそれゆえにヘーゲルの立場からいうと根源的に「知」ではありえないものなのだ。そこに見られる知的要素は、自分が感覚していることを意識し、自覚しているという一点だけである。それはいわば知の素材ともいうべきものなのである。それはちょうど理論的理性が「感情」を知的認識の「素材」とみなしたのと同じことなのである。要するにヘーゲルにとって感覚的確信は、不透明な混沌とした感覚作用の流れにすぎないことになる。[1]

ただその場合も感覚的確信が対象に対する一種の認知行為であることには間違いなくて、その認知に応じて主体は何らかの反応を起こすのである。しかしその反応もこれまで見てきたように、自己意識に目覚めた自覚的行為ではなくて、生理的ないしは本能的な反応であり、言うなれば主体にとって受動的な反応でしかないと考えられている。要するにこの段階は、彼の言う動物に等しく、自我という主体がまだ現れていない段階と考えられているわけである。したがってまたこの段階では、対象が対象として観念的に見通されず、対象は不透明なまま単なる感覚の絶えざる変化でしかなく、それと同時にそれに対する生理的反応が生じているにすぎないことになる。

（1） W. F. Hegel: Enzyklopädie der philosophischen Wissenscaften, Ⅲ, S. 247（舟山信一訳『精神哲学』岩波文庫、下巻、九五頁）。

3　知覚の透明度

以上のようないわば感覚的混沌に秩序をもたらし、「あれは……である」と呼べる対象を成立させる能力こそ「知覚」なわけである。知覚は、それが受け取ったさまざまな感覚から一般的な観念を抽象し、その一般的観念（色、形、臭い、感触、音などの性質に関するさまざまな一般観念や時間、空間、実体、様態、因果性などのカテゴリー）を駆使することによって、一つひとつ対象を規定し、そこに関係を与えることで、感覚対象に秩序を与える。つまりわれわれが目にする感覚的存在がいかなるものであるかを説明し、さらにその感覚的存在がなぜそのような姿をとっているかその原因を説明する。そこにいうなれば秩序ある世界が描かれることになる。これまで混沌として名づけようもない不透明だった世界が見通せるようになり、透明になるということなのである。言いかえるとこの段階に来たとき、対象を構成する要素が一般的なもの（性質）に分解され、それによって再構築されるわけだが、この一般的なもの（一般的観念）は、まさに人間の知性（思惟）が己自身によって生み出したものであるから、対象は知性自身と同じものを対象の中に認めることによって、対象の存在が措定されたことになる。だからその意味で、対象は透明なものになるわけである。

そして、ここにまさに自然科学の世界が開けてくることになる。生物学も化学も物理学もすべて、まずは五官によって認知されたものがいかなるものであり、それが他のものとどのような関係にあるかを調べるものだからである。感覚によって認知された対象が、一般観念によって「あれは犬であり、猫ではない」といわれ、その犬がなぜ吠えているのか、その原因が因果性のカテゴリーを使って明らかにされる。あるいは岩が落ちる速度が法則化されて、ある岩の到達する時間が予測されたりする。言いかえると、まさに知覚という能力によって、あるいはその能力を方法化することによって生物学や化学や物理学といった自然科学が生じたということになるのである。ところがヘーゲルはこの分野から、ニュートンの万有引力の法則や電磁気学など、要するに「力」の「法則」を扱った物理学だけは除外している。そして例えば「万有引力の法則」を理解する能力は「知覚」ではなくて、「悟性」によるというのであり、しかもこの悟性は知覚より一段高い認識能力だといって、「知覚」から「悟性」への認識能力の展開を論じるのである。

自然科学についての以上の分類と認識能力の分類はヘーゲルの議論として周知のことであるが、いったいなぜヘーゲルはニュートン力学や電磁気学だけは通常の自然科学から除外したのであろうか。現代の自然科学の分類からみれば、ニュートン力学は当然自然科学の一つに数えられてしかるべきであり、したがって「知覚」という能力によって解明される世界の一つと考えてもいっこうに差し支えないと思えるのに、ヘーゲルは、ニュートン力学は他の自然科学とは違うと言い、一段高い認識能力が要ると言うのである。この問題を考えていくと、まさにこのような認識段階を分けたこと自身が、彼が「透明な世界」を軸に認識段階を考えていったことを明瞭に示唆していると思うのである。

そういう議論が展開していく前提として彼は、「知覚」はあくまで感覚的存在を認識対象とするため、知覚という認識段階は第一に「個別的なものと一般的なものの結合」にすぎないこと(1)と、第二にそれが個別的因果性しか扱わないということ(2)を強調する。この二つの事態は、知覚がいまだ「究極の一般的な存在」(すべての原因としての精神)の認識に至っていないことを示しているのであり、あるいはそもそも知覚がそういう能力をもたないことを示していることになるのである。そしてそういう個別的なものを脱却したものを認識する能力として、次に悟性が現れざるをえないという話になるのである。

まず知覚が「個別的なものと一般的なものの結合」であるという意味は、知覚の対象があくまで感覚的存在であるかぎり、どれほど一般的な観念（色、形、臭い、感触、音等々）の組み合わせを使って対象を理性の支配下におこうと、最後は具体的な「このもの」の説明に終わるということである。そもそも一般的観念そのものがすでに感覚的存在の特徴を何らかの形で残さざるをえない。そうでないと感覚的存在である「このもの」を一般的観念で指示できないからである。そうだとすれば結局「知覚」は最も一般的な、すべてを生み出す存在には到達できないということなのである。

「知覚」が個別的因果関係しか扱わないという指摘も、同様の観点から強調されている。彼が知覚という場合、現実には自然科学、とりわけその個別科学による認識が念頭にあるが、彼は自然科学は結局個別的原因しか究明できない、それが知覚の限界だということを強調する。つまり個別科学は個別的原因を探していって「前提から前提へと進み、際限のない進行へ足を踏み入れることになるのである。『経験』はこの立場に立っている。すべてのものが『経験』されなければならないのだ。しかしながらもし『哲学』が問題にされるべきであるなら、そのとき人々は経験主義のあの証明行為――前提に拘束されたままに止まっている証明行為――から、事物の絶対的必然性の意識にまで高まらなければならない(3)」という。要するにヘーゲルからみれば知覚は、究極の一般者には到達しえないものであり、それは半透明な認識に終わっているということなのである。

知覚はその対象の措定から因果分析に至るまで、感覚的な個別的存在のあり方を説明しようとする。

そうであるかぎり、知覚は最後まで不透明な、感覚的なものを残さざるをえない。それは当然のことである。知覚、あるいは個別科学の目的がそこにあるかぎり、そうならざるをえない。ところがヘーゲルは、それがまさに知覚の限界だとしつこく言う。それは究極の一般者を解明しない、物事の「究極原因」に至りえないとしつこく言う。それは言うまでもなく、彼がここでも「知覚」という人間事象の「意味」を尋ねているからなのである。以上のような限界をもつというのが、彼にとっての「知覚」の「意味」であり、学問はその先まで行くべきだという彼の哲学者としての願いがあるからなのである。

ところが、この個別科学が行う因果分析をつぶさにみてゆけば、知覚という働きが、いずれ悟性の働きを要求し、悟性を呼び覚まさざるをえなくなることが分かると彼はいう。結論だけ先に述べると、個別科学も個別事象の原因を訊ねてゆけば、最後は「力」という五官で触れえない、いわば超感覚的な一般者に行き着かざるをえなくなり、そういう超感覚的一般者の「法則」を解明せざるをえなくなる。そこで、人間知性は遂に自然の中に文字通り透明な存在を認識する段階に来たことになり、そういう超感覚的一般者とその法則を見通す能力を「悟性」と名づけるわけである。このような彼の思考法はアイディアとしてはよく分かるが、この考え方で、うまくいくものだろうか。この第5章は、これ以降、このようにして悟性が成立するという彼の議論を一つひとつ検討することになる。その議論はかなり込み入っているため、僕の説明も多少錯綜したものになるかもしれないが、ヘーゲル自身の叙述もかなり曖昧であって、僕としては、その辺ちょっとご勘弁願いたいところがある。しかしこの問題は、彼の観念論が成立するかどうかのキーポイントにもなっているようなので、この議論は、丁寧に検討すべきだと思うのである。

（1）　Hegel: Enzyklopädie, Ⅲ, S. 210（邦訳下、二一八頁）。
（2）　Ibid., S. 208（邦訳下、二一六頁）。
（3）　Ibid., S. 209（邦訳下、二一七～二一九頁）。

4　目に見えない力

確かに個別科学というものは一般的観念によって個々の自然現象を確定し、その原因を追求するが、その原因は再び個別的な状態や状況に求められる。それはあくまで「経験」の場で行われるのだ。しかもここでヘーゲルが「経験」ないし「経験主義による証明」という場合の意味内容を考えてみると、それは要するに五官によって確かめられるかぎりでの世界であることが分かる。自然科学の証明は、行き着くところ感覚世界での確証によってしかなされえないものだからである。

もちろんヘーゲル自身が言うように、この科学は感覚以上のものをすでに含んでいる。それがまさに一般的観念であり、さらには力（重力）とか原因とかいった観念である。それらはある意味で経験を越えた思考の産物（思想）である。しかしながら個別科学はそれでいながらあくまで感覚的対象を問題とする。そうであるかぎり、その証明も感覚の世界で確証される必要があるのである。

確かに現在の物理学や生化学などの分野での理論が解明する事象は、直接五官で確かめうるものではないし、それゆえその理論も、通常の五官による認知とは全く無縁と思われるような思考の産物から成り立っている場合が多い。にもかかわらず、それがどれほど間接的な認知手段や証明手段を用いようと（例えばX線写真やレーザー光線やそれを印画する特殊な薬品等々）、最後には何か五官によって確認されるものでないかぎりその証明は完全なものとはならない。間接的証明手段は要するに、われわれの五官の延長線上にあって、五官の認知能力の代役を果たしているにすぎないのである。そしてそうでなければならないのは個別科学は感覚的対象を扱うものだからである。そういった点から見れば、知覚の世界あるいは個別科学の世界は、その認識目標からその説明の実証過程に至るまで、最初から最後まで「経験」の世界、ないしは「感覚」の世界にとどまるものだといってよい。

しかしそうであるなら、ヘーゲルの立場からいえば、個別科学はいつまでたっても究極原因には到達できない。確かに、われわれが理性をもっているかぎり、ある原因が明らかにされても、さらにそれをひき起こした原因は何であるかと問うのだが、その問いを問い続けてみても個別科学は「究極の原因」を明らかにすることはできない。それは個別的な「前提から前提へと」、「際限のない進行」を続けるにすぎないからである。

ところがヘーゲルによると、すでにこのような個別科学の営みの中にも、そういった究極の原因に向かう動きがあった。それは原因としての「力」の観念である。ヘーゲルにとって物体の運動をひき起こす力は、天体の運行のそれにしろ地上の物体の落下にしろ、目に見えない、いわば五官によって確認しえない何ものかが働いているように思えたようである。

実をいうと周知のようにヘーゲルの悟性の認識対象である「力」の観念は、ニュートンやガリレオが問題にした物体の運動の原動力としての「力」の観念をはるかに越えたものであり、むしろ形而上学的なものである。ヘーゲルの「力」は、あらゆる自然現象のみならず人間の思考運動をも生み出す原因として想定されるような「力」の観念である。ヘーゲルの観念論で物的世界と観念的世界をつなぐキーポイントともいえるこのような「力」の概念は、おそらくライプニッツやカントから得たものであろうが、[1] ともかく「意識」が感覚的世界から透明な超感覚的世界を認識するに至るその発展過程を説明するうえで、ニュートン力学での力の概念は彼にとって都合のいい糸口になったように思われる。

ニュートン物理学の「力」の概念は、目に見えないものではあっても、単に物体の位置を決定づけるものでしかない。つまり物体の「運動」の原因として想定されているものにすぎない。ところがヘーゲルは、目に見えないものが物を動かすという一点に強く惹かれたとしか思えない。あるいはその目に見えないものの「法則」が解明されたことに感動を受けた。そのことから彼は、ニュートンの「力」を自分の形而上学的な原因としての「力」の概念に引き寄せて解釈するのである。そしてまた、逆に自己の力の概念からニュートンの力の概念を批判することまでしたのである。

とりあえずはヘーゲルの力の概念がどういうものか見てみよう。

（1） J. Hyppolite: Genèse et strukture de la phénoménologie de l'esprit de Hegel （市倉宏祐訳『ヘーゲル精神現象学の生成と構造』上巻、岩波書店、一六〇～一六二頁）。

5　物を生む力

実をいえばヘーゲルの力の概念についての叙述はかなり曖昧で、彼の本来の「力」の概念とニュートン力学の力の概念との関係ももう一つはっきりしないのだが、とりあえず彼が本来頭に描いていたと思われる「力」の概念をかいつまんで見ることから始めたい。彼は「悟性」を説明するにあたって、まず最初に力についての一種形而上学的な考察を行っている。それは前段階の「知覚」の認識運動そのものの中に、すでに「力」が働いていたというものである。そしてその話から、力があらゆる感覚的事象を生み出すものだという話になってゆく。

まず彼は知覚作用のもとでは「意識」は対象を（意識から）独立したものとして捉えている事情を述べる。次にそのように意識から独立して捉えられた対象が二つの側面をもつものであることが、この章（悟性の章）でももう一度繰り返される。二つの側面というのは、一つは対象である「物」がさまざまな性質を共存させる「媒体」であるという側面と、もう一つはその物が諸性質を共存させながらも一つのまとまりをもった物、他の物から区別される「単一の物」であるという側面である。ところがその説明の後、突然、力の概念が登場し、その二つの側面は物の中にあった「力」の運動として捉え直されるのである。すなわち物が「媒体」としてさまざまな性質を持つということは、物を物たらしめる「力」が自己を「発現」させたことを意味し、またさまざまな性質をもちながらもそれが単一の物として現れるのは、発現した力が自己に「押し戻された」ことを意味するのであり、そのように押し戻された状態にある力を「本来の力」と呼ぶ(1)。

二つの局面と彼が呼ぶものそれ自身は、誰にでも分かる平明な事実といってよい。要するに、「物」はさまざまな性質を持っているということと、ものは他のものとは区別される単一の存在であるということだからである。しかしその事実を物に内在する力のせいだと言うとき、彼はいきなりいわば「力の形而上学」を持ち込んだように思われる。要するに彼は「物」の背後に、何かしらそういった物の存在を可能ならしめる「力」を想定したのである。言いかえると自然物のもつ感覚的多様性も、またその多様性を内に含んだ単一の物としての出現も、すべて目に見えない「力」によって出現するという風にヘーゲルは考えるわけである。

これはどう見てもニュートンやガリレオのいう力ではない。むしろ動物や植物がこの世に現れる時に想定したくなるような「力」の概念である。しかしこの世に存在をもたらす何ものかを「力」と呼ぶなら、かならずしも動物や植物にそういうものを限定しなくてもよい。そういう具合に考え直してみると、まさにヘーゲルはそのように考えていたと思われるのである。それがヘーゲルが念頭においていた「力」のイメージである。

（1） Hegel: Phänomenologie des Geistes, S. 99（『精神現象学』樫山訳八八～八九頁、長谷川訳九四～九五頁）。

6　力は本質なり

ヘーゲルが本来、頭に描いた「力」の概念は以上のようなものであり、明らかにニュートンやガリレオが想定していた運動の原動力としての力学上の力ではない。にもかかわらず、彼はニュートンの万有引力を自分の考える「力」の概念と同質のものとして捉え、その法則を認識する能力を悟性と名づけた。いったいなぜそんなことが起こったのであろうか。ここにも彼の独特の思考法、透明で一般的な観念こそ物事の本質に迫るものだという思考法が働いていたように思えるのである。

ニュートン物理学もまずは個別科学、つまり知覚の世界から出発したはずであるが、ヘーゲルからみればまさにニュートンは遂に感覚的個体の世界を突き抜けて、その背後にあると思われる超感覚的な力の一般法則を捉えるに至ったことになる。つまりニュートンの万有引力の法則は、地上の落下の法則から天体の運行の法則もすべて含んだ力一般の法則を打ち立てたのみならず、その力なるものはヘーゲルから見れば、五官で触れえない文字通り透明な、いわば超感覚的なものであり、しかもその超感覚的なものが感覚的な物体の動きを支配していると思われたのである。

ニュートンの万有引力の法則にみられる「力」の概念は明らかにヘーゲルが想定した「力」の概念から見ればきわめて狭いものである。だからヘーゲル自身はある意味でニュートンに対して批判的でもあったが、「知覚」という認識作用が感覚的個体を追求していった結果、遂に超感覚的な原因にたどり着いたということ、しかもその超感覚的な世界での法則さえ確立したということが、彼に多大な印象を与えたと思えるのである。

そこで彼は、このような感覚を越えた世界に踏み込み、しかも感覚的存在を現にそのようにあらしめる真の原因とその法則を把握する能力を「悟性」という言葉で呼んだのである。要するに、「知覚」がいくら透明な一般的観念によって事物を把握するとしても、それは感覚的経験界での因果連鎖を越えることができないのに対して、悟性は感覚を越えた一般的観念そのもの、むしろ一般的理念の世界を認識する能力であり、したがって一段高い認識能力であると考えられるに至ったのである。

そしてここまでくると感覚的世界は「現象」であり、超感覚的な「力の世界」こそ、それを生み出す「本質」であるという世界像にたどりつくことになる。つまりすべての感覚的存在を生み出し、それを支配する「力」の「法則」がこの世界には存在し、それこそが存在の「本質」であるということになる。しかもこの「本質」は超感覚的な「力」という観念的存在であるがゆえに、それはまさに精神そのものであるということになってゆく。だから「力の法則」の世界は「理念」の世界だというのである。だからまた本来観念的存在である「自己意識」はこの力の「法則」の中に、自己と同じ姿を見ることによって遂に自己を「意識する」に至るという。自己と同じ姿というのは、区別のないものが分裂し、自らを区別しながら、しかも再び自己と同一のものに帰るという姿である。自己意識はまさに自分でありながら自分を区別し、対象化しながらなおかつ自己自身であり続ける。それを自ら意識したとき「自己意識」が生まれるわけだが、万有引力の法則もまた、同じ力が二つの極に分裂しながら、同時に全く同じ性質の「力」として引っ張り合う。そして一体として力の世界を成している。しかもそこに「法則」がみられる。つまり感覚的な要素をぬぐい去った内的、超感覚的な「力」が、同一のものでありながら区別され、しかも区別されたものがお互い関係し合う法則が存在するというわけである。だから意識（悟性）が感覚的世界の背後にこの万有引力の世界を見通すことができたとき、意識は自然界の中に自己と同じ姿の観念的存在を知り、そのことによってまた自己自身の姿を自覚するに至るというのがヘーゲルの話の筋である。ここに至って、分裂していた意識と対象は合体する。対象の「本質」は認識主体と同じ透明な精神から成っていることが理解されることになる。それを理解するに至った能力が悟性なのである。

そこでヘーゲルは感覚的確信から知覚、悟性へと至る「意識」の章を締めくくるにあたって次のように言うのである。

「知覚を越えた境地にある意識は、現象界を媒介として、現象界を透視するという形で超感覚的世界とつながっている。そしてここに来て純粋な内面世界という一方の極と、純粋な内面世界を透視する内面的思考というもう一方の極が合体し、両極が極をなさなくなるとともに、両極とは違う中間項も消滅している。内面世界をおおっていたカーテンが開かれ、内面的思考が内面世界を正視できる状態にある。区別のない同質のものが自分に反発し、二つの内面が設定されてそこに見るものと見られるものとの関係が生まれているが、この二つが区別できないものである事も明瞭に自覚されている。それこそが自己意識というもののあり方なのだ」[1]。

(1) Hegel: Phänomenologie, S. 135 (樫山訳一〇八頁、長谷川訳一一七〜一一八頁)。

7 力を「感じる」

ヘーゲルの「意識」の三段階をたどってみるとおよそ以上のようになる。ここに見られるようにヘーゲルは認識が深まりゆく過程を、対象が透明化される過程として捉え、いいかえると感覚的多様性が観念化され、超感覚的な世界が現れてくる過程として捉えられている。そしてそれはまた同時に「現象」から「本質」が認識されるに至る過程と考えられているのである。彼の説明は錯綜して難解であるが、アイディアそのものは決して難解なわけではない。その認識の方向は感覚的なもの、直接的、外的なもの、個別的なものから、超感覚的なもの、観念的なもの、内的なもの、一般的なものへとすすんで行く。そしてその進行にしたがって人間の認識は「現象」から「本質」へと向かい、すべてのものがさらに透明に、見通しのよいものになると考えられている。このアイディアはよく分かるし、まことに麗しい見取り図であるとさえいえる。

しかしながらこの三段階の進行は本当にそのようにできているのであろうか。彼が考えているように人間の精神はこの段階を踏むことによって「本質」に向かって進んでいるのであろうか。実をいうと僕にはこのヘーゲルの思考過程に大きな誤りがあったように思えるのである。それは単に彼の時代(例えば当時の物理学の世界)が現在に比べて未発達であったといって片づけてしまえないより本質的な問題点をはらんでいるように思えるのである。その点をこれから検討したい。まずは彼のニュートン力学に対する基本的な見方から入っていきたい。

すでに見たようにヘーゲルは超感覚的世界が科学的認識の世界で現れてくる例としてニュートンの万有引力の法則をあげている。しかしながらニュートンの扱った「力」あるいは「重力」は本当にヘーゲルが考えたように超感覚的な何者かであると考えてよいのであろうか。しかもこの「力」を「現象」に対する「本質」つまり、ものを生み出す力という形で位置づけてよいのであろうか。いずれも、ヘーゲルが感覚的世界から「精神」の世界に入っていく重要な入口になっている問題であるだけに、これはゆるがせにできない問題のように思えるのである。

まずニュートンの「力」が超感覚的な世界かどうかという点から考えてみたい。

確かに力そのものは五官で直接触れることはできないように思われる。力は個体のもつあらゆる感覚的規定から自由な、単なる質量の法則として個体間相互に働くものであり、しかもそのさい「力そのもの」を目や耳で確かめることもできないし、手で触れることもできないからである。この点は、いわゆる五官の対象がまさに五官を通して認知され、いわば感覚的、物的性質をもっている点と大きく違うとも考えられる。例えば触覚は対象の物質的素材の性質に応じて、その状態を直接手で感じ取ることができる。味覚や嗅覚は化学物質をその対象として感じ取る。また聴覚が音を認識するのは空気という物質の振動を鼓膜が認知するからである。視覚は色を、光の波長に応じて認識する。このような点から考えると、「力そのもの」は以上のような感覚されうる感覚的、物的対象という姿をとらない。少なくとも、通常五官と呼ばれる感覚器官の対象ではなさそうに思える。そこでヘーゲルはこれを、感覚的規定を越えたなおいっそう一般的、抽象的なものだと捉えて、そういうものが自然の中に存在すると考え、それが自然を支配していると考えたのである。そしてその法則を捉える能力を「悟性」と呼んで、悟性は知覚よりいっそう高次の認識能力だという風に考えたのであろう。

しかしながら物理的な力、あるいは重力が人間の感覚によって認知できないかどうかという風に問い直してみると、これは明らかにできるのである。われわれが物を手に持ったとき、われわれはその重さを感じる。重さの違いさえ識別する。それは筋肉の緊張を通じて感じられるのである。のみならずわれわれの身体が傾いたとき、われわれは自分の身体が地球の重力に対してどういう状況に置かれているか、その空間の位置関係さえ察知する能力をもっている(1)。そうだとすれば人間は五官を通じて音や光や物の素材を感じ取るように、われわれはこの肉体で重さや力を感じ取ることができるのであり、こういった力を完全な超感覚的存在、つまり観念的存在と決めつけることはできないのである。だから力がいわゆる五官によって捉えられないという理由で、これを感覚と無関係な観念的実体と呼ぶことはできないのだ。

確かに力そのものを、例えば味覚の対象である化学物質のように有形物として感覚することはできない。しかしそういう風に言うのであれば、光でさえこれを有形物と考えることはできない。むしろ光の存在は視覚で捉えようとするかぎり、他の有形物への反射という形でしか確認できなくて、光そのものをこの目で直接捉えることはできない。それが自分以外の物体の存在によってしか存在そのものを知りえないという点では光も重力も同じものだとも言えるのである(2)。

ともかく光同様、力も何らかの形で感覚されうる自然界の現象の一つだとすれば、この法則を捉えようとする力学をその点でほかの個別科学から区別する必要はないし、なおさらその力をヘーゲルがすべてのものを生み出すものとして考えていた「力」と考えることはできない。言いかえると、感覚的存在を生み出す観念的実体と同類の「力」と考える必要もないことになる。そもそもニュートンの力はいわゆる「物理的運動」をひき起こす原動力としての力でしかないのであって、ヘーゲルが形而上学的実体として想定した、感覚的存在そのものを生み出すような力とは何の関係もないものである。繰り返すようだがニュートンの力は、物体の「位置を変化」させるという点でしか働かない「力」といってもよいのである。もし両者の力の概念に共通点があるとすれば、両者ともに力という同じ言葉で表現され、しかも両者ともに一見、超感覚的なものとみなしうるということにすぎない。そうだとすればさらに力学の世界に「現象と本質」というカテゴリーを持ち込む必要もなく、むしろ力学は他の個別科学同様、因果性のカテゴリーによって自然を解明すべきものだったのである。

(1) Henri Piéron: La Sensation, Collection QUE SAIS-JE? N°555（島崎敏樹・豊島三郎訳『感覚』白水社）。とりわけ第2章「感覚の起源・感官性興奮」の第6節「静動力学的様式」参照。

（2）周知のように現在では物理学の力の存在は万有引力が扱う重力のほかに、光を含んだ電磁力、核力、それに軽い素粒子間で働く力（ミューオン）の四つの力が想定され、いずれもエネルギーの働く場として同質のものが想定されている。しかも万有引力の重力の働きは他の力と同様に粒子（グラヴィトン）の交換の場であると考え始められている。したがって少なくとも現在の物理学から見ると、ヘーゲルのニュートン力学の理解は根本的に間違っていたのである。Paul G. Hewitt, J. Suchocki, L. A. Hewitt: Conceptual phisical Science, Harper Collins College Publishers（吉田義久訳『力と運動』共立出版）、J. V. Narliker: The Lighter Side of Gravity, W. H. Freeman and Company（中村孔一訳『重力』日経サイエンス社）、那野比古『光って何だろう』ダイヤモンド社。

8　法則はすべてを生む力

以上の批判は要するに、ニュートン物理学の力の概念がヘーゲルの力の概念と根本的に異なるという点に帰着するが、この問題はさらにヘーゲルの悟性の章における弁証法的な説明の仕方全体に対する疑問を呼び起こす。彼は、力学が捉えた「法則」を吟味し、悟性が遂に「物そのもの」の「本質」に事実上到達したことを、「法則」概念の面から論証しようとしている。それはまさに経験世界から形而上学的世界への移行を悟性の捉えた「法則」の内容から論証し直そうとするものである。話がちょっとややこしくなるが、最後にその問題を検討してみたい。

何よりも先に述べたようにヘーゲルから見ると「法則」とは、対象が何であれ、まずはこの現実世界を支配する原理である。しかもそれはさまざまな知覚世界の現象から抽象された超感覚的な観念によって初めて析出された原理である。この二つの命題からヘーゲルは「法則」というものを、この現実世界の背後にあってその変化をつかさどる究極的な力が現れる姿と考えている。彼は「悟性」の章で、かならずしもこのような直接的な表現はしていないが、彼の考えがそこにあることは明らかだと思う。だから彼にとって本来「法則」とは（あとで見る第一の法則にしろ、第二の法則にしろ）彼のいう「内的な」「力」そのものが働く原理であり、まさにその意味での「力」そのものと言っていいものだったのである。

　そしてそういう法則概念に当時最も近づいていると思われたのがニュートンの力学や電磁気学の法則だったように思われる。これらの科学は文字通り「力」の世界を法則によって捉えることができた。そこでヘーゲルは遂に経験的世界から超感覚的世界に至る道がこれで説明できると考えたのではあるまいか。とはいえニュートン力学が、そのままこの内的世界を直接捉えたとは彼は言わない。むしろその点では批判的でさえある。しかし彼に言わせれば、力学はその入り口にまで来ていた。

　ヘーゲルによれば先に見たように本来区別をもたない、というより区別を生み出す根源的な「力」が超感覚的な世界の中で姿を現したものが「法則」というものであるから、いうなれば「自己同一」としての「力」が区別された項目となって分裂し、その項目同士が関係づけられた体系が「法則」であり、各項目もそれは一体となって依然として「力」そのものである、ということになる。これこそ彼が「絶対的区別」とか「無限の区別」と呼ぶ区別であり、それらの関係は一体となって「物そのもの」としての「力」のあり方を示していることになる。と同時にそれは「精神」のあり方そのものを示していた。

以上の考えを念頭に置いて電磁気学や力学の世界を眺めてみると、まさにその入口にまで来ているとヘーゲルは見るのである。稲妻という現象の原因は陰電気と陽電気がお互いに引き合うものと考えられるが、そのさいこれは単一体としての「電力」という「力」が想定され、それが陰と陽の二つの区別を生み出し、それが単一体に帰ってくるものと捉えられている。(1)「磁力」の「南極」と「北極」もそうである。「重力」の場合は、重力の働く二つの要素として時間と空間が現れる、という風に言う。(2)このように見れば、ここにヘーゲルの考える「法則」の構造がそのまま捉えられていると言ってよいわけである。いいかえると、自ら区別を生みだしながら自らに帰ってくるのが「精神」あるいは「自己意識」だとすれば、それと同じ構造がこれらの「法則」の中で捉えられていることになり、悟性は事実上、物的世界が精神から成り立っていることを認識したことになるというのである。

（1）　Hegel: Phänomenologie, S. 125（樫山訳一〇〇頁、長谷川訳一〇九頁）。
（2）　Ibid., S. 122（樫山訳九八頁、長谷川訳　一〇六頁）。

9　科学の法則から究極の法則へ

しかしながら、自然法則の中でもとりわけ力学の法則がヘーゲルのいう究極の一般法則に近づいているとしても、これが自然の法則であるかぎり、その中の区別された各項目（プラスとマイナス、北極と南極、時間と空間）は依然として「知覚世界をそのまま抽象化して一般理念の場に移したものにすぎない」[1]。それは確かに「一般理念」の世界であり、その意味で「超感覚的世界」だといっていいかもしれないが、それは、あくまで悟性という「意識」の世界で打ち立てられた対象世界でしかないのであり、「物そのもの」を事実上想定したような「法則」を打ち立てながらも、「物そのもの」の一歩手前にいるのだ。そうだとすれば、問題は究極的原因の働く「物そのもの」の世界への突破口がどこにあるかという問題なのである。ヘーゲル自身の言葉を使えば、自然科学が解明した「第一の法則」の世界からどうやって「物そのもの」という「本質」が働いている「第二の法則」の世界に入っていくかという問題なのである。彼の定義によれば「第一の法則」があくまで悟性を介した世界の「説明」、つまり「知覚」上の区別項目を残した説明であるのに対して、「第二の法則」の世界は、ヘーゲルのいう「哲学」の世界である。だから「第二の法則」の世界では、力は「無限の区別」として現象しうるものと考えられ、南極と北極、時間と空間は自在に変転し、また自己（力）に帰って来る世界と考えられるのである[2]。そしてこの「第一の法則」から「第二の法則」がどのようにして認識されるに至るかという問題こそ、自然界を相手に彼の観念論がどのようにして成立しうるかという、ある意味で大変重要な問題なのである。

ところでそういう観点から彼の叙述をみると、彼はこの点に関してまことに曖昧な叙述しかしていないことが分かる。そもそも悟性の章での彼の議論はきわめて錯綜したもので、電磁気学や力学の例をさまざまに引用しながらも、その説明が第一の法則の性格を説明しようとしているのか、一足飛びに第二の法則のことが語られているのか、あるいは両者に共通な点を主張したいのか、あるいはまた「意識」の働きの側面のことを言っているのかそれとも対象自身のことなのか、その辺がかなりごちゃ混ぜになって説明されている。ヘーゲル自身が大変苦労している様が窺えるのである。したがって僕自身の理解が行きとどかない不安をもってはいるものの、要するにヘーゲルは肝心要の所で、それこそトートロジーになっているのではないかと思えるのである。ともかくここで、読者にはちょっと長くなるが、彼が「第一の法則」の世界から「第二の法則」という哲学の世界への移行を説明しようとしている箇所を順を追って見てみたい。

（1）　Hegel: Phänomenologie, S. 128（樫山訳一〇二頁、長谷川訳一一一頁）。

（2）　同右。

10　哲学の世界は現れたか

まずその移行を暗示すると思われる最初の箇所で、次のような指摘がある。すなわち、「第一の法則」の世界で雑多な自然法則が存在すること自体が、悟性にとっては矛盾であり、悟性はそれらを唯一の法則に統合する要求をもつものだ、というのである。(1)そして具体例として地上の物体の落下法則と天体の運行法則が万有引力の法則に統合された事実をあげている。ただニュートンの法則では、時間と空間という二つの区別項目への分裂の必然性が説明されていないと批判されるわけだが、いずれにしろ悟性というものがこの世の統一的法則（あるいは統一的原因）を求めるものであることが述べられている。これはいわば悟性が「第二の法則」を捉える潜在的欲求と能力をもつことが暗示されていると考えることができる。しかしそれは悟性の要請を述べたものであっても、現実の移行を論じたものとはいえない。

しかも彼は引き続いて悟性は、実は「より一般的な法則」を求めるその営みの中で、すでに「純粋な法則の概念」を自分の中に獲得していると言われる。(2)「法則の概念」とはまさに「法則」たるものの本質とヘーゲルが考えるもので、それはすでに見た「第二の法則」がもっている「絶対的必然性」のことである。すなわち「法則」とは、自己同一のものが区別を生みながらまた自己に帰っていく、そういう「力」の発現としての「法則」のことなのである。これが万有引力の法則の中ですでに「概念」として獲得されていると言う。もちろんこの場合も力は時間と空間という二つの区別項目に分裂したままであるが、そこで真に働いているのは「重力」という「力」であり、それが「法則」として現れるとき、時間（速さ）と空間（距離）という二つの要素に分裂せざるをえない。なんとなれば、そもそも物体の位置の変化としての「運動」はこれら二つの要素の関係としてしか現れようがないからだと言うのである。つまりここでヘーゲルは、現実に「第一の法則」が、知らぬ間に「第二の法則」の本質を獲得している、と言う。

しかしこれで本当に第二の法則の「概念」が得られたことになるのであろうか。彼はそのあとさらに「悟性の側には区別されたものを概念として捉えるという姿勢があって、それによると法則は一方では分裂のない内面的なものであると同時に、内部に区別される要素を持つ、という捉え方になる」(3)と言っている。この叙述はまさに悟性が「純粋な法則の概念」を捉えうることをより具体的に説明しようとしたものにほかならない。

しかし具体的にニュートン力学を見た場合、それが時間と空間という二つの区別項目を、自己同一体の力それ自身が分裂したものであるという風に「概念的に」（通常の言葉で言えば「潜在的に」しろ）捉えていたと見るのは、どう見ても行き過ぎではあるまいか。電力や磁力の場合はまだそう考えても分からなくはないが、力学上の力が空間と時間を生み出したという具合に考えることはできない。ニュートンの力はなんといっても古典力学上の力のことであって、それは何ものをも生み出すわけではなくて、物に対して何らかの変化を及ぼしうるとしても単に「位置上の変化」にすぎないからである。そこにヘーゲルの言う「力」を見ることはできないのである。しかもニュートンにとって時間と空間は、力が働く以前から「絶対時間」と「絶対空間」として与えられたものだったのである。

しかしさらにヘーゲルは今度は「稲妻」の例を出してきて再度これを具体的に論証しようとしている。すでに見たようにそれは稲妻が「電力」という単一の力によってひき起こされたものであり、二つの電極はその単一の「電力」が自らを区別し、それがもう一度単一のものに変わる運動だというわけである。だから、科学的「説明」というのはまず「一つの法則が持ち出され、つぎにそれとは区別される一般理念ないし根拠としての力があるといわれる。ところがこの区別は本当は何の違いを表すものでもなく、根拠とされる力は法則と全く同じ性質をもつのである」という。要するに電気の法則もヘーゲルのいう意味での根元的な力の発現として捉えられているというわけである。確かにこの場合はヘーゲルの説明が比較的あてはまりそうに見えるが、これもそうなっているとは言えない。電気のプラス、マイナスを電力という言葉で統一してみても、それが現実の電気現象を説明することにはならないし、プラスとマイナスの電気を生み出す根元的な「電力」があるわけではないからである。力学の場合も、電磁気学の場合も、ヘーゲルの言うような移行が生じているとはいえないのである。

要するに「第二の法則」の区別項目は「概念的に」見て、同一の力が生み出したものになっているというのは、ヘーゲルが勝手に想像したと言って悪ければ、それこそ彼自身の生み出した思弁であって、実際の科学者はそのようなことは全く考えていないのである。

（1）Hegel: Phänomenologie, S. 121（樫山訳九七頁、長谷川訳一〇五頁）。
（2）Ibid., S. 122（樫山訳九八頁、長谷川訳一〇九頁）。
（3）Ibid., S. 125（樫山訳一〇〇頁、長谷川訳一〇八頁）。

11　最後のつめ

いずれにしろヘーゲルは稲妻の例を受けて、このような科学的説明（悟性）は結局、究極的原因については同義反復という形で行っているにすぎないと総括するのだが、[1]それと同時に、実はこの同義反復ともいえる「説明」の中には、すでに「第一の法則」の中では見られなかった思考運動があると言う。それを彼は「無限の変転」と呼ぶが、[2]それはまさに真の「法則」（第二の法則）の中では区別された項目が同一のものから分裂しながらも同一のものに帰っていくとヘーゲルが考えたときの「区別されたもの」のあり方を示す言葉である。科学が物事を法則で「説明」しようとするとき、知らぬ間にその区別項目が同一のものから自由に生み出されたもののように説明しているというのが彼の言いたいことであり、そのとき区別項目は事実上、自在に他方の区別に（プラスはマイナスに、北は南に、時間は空間に）転換、変転しうるものとして考えられているというのである。そして、それゆえに科学的説明はA＝Aというトートロジーの説明になっているというわけである。つまりここで彼は「移行」が事実上行われていることを、「区別された項目」に焦点をあてて、もう一度繰り返している。

しかしこれでは、実質的には「第二の法則」の内容をもう一度説明しているだけで、「第一の法則」からの移行の説明にはなっていない。もっとはっきり言えば彼は、物理学が潜在的に第二の法則を自己の中に取り込んでいると決めつけて、だからトートロジーになっていると勝手に批判しているのである。

さらに彼は、この悟性の思考の「運動を丁寧に追ってみると、それは全く正反対のものに変わる。この運動の設定する区別は、わたしたち傍観者にとって何の区別でもないというだけでなく、運動自身が破棄していくような区別なのだ」ともいう。つまりトートロジーでしかなかったこの悟性の思考を丁寧に観察すれば、悟性が「全く正反対のものになる」、言いかえると悟性は「区別のない区別に到達するという。先の言葉で言えば「無限の変転」という思考運動をしていると言うのである。しかしこの文章の意味は実のところよく分からない。悟性の思考の「運動が設定する区別」が「法則」における項目の区別なのか、それとも「意識」と「対象」の区別のことなのか不明なのである。前者だとすれば、すでに述べたことの繰り返しにすぎないが、後者だとすれば、ただちに「意識」（悟性）が対象といきなり一致したことが宣言されたことになる。いずれにせよそのあとで彼は遂に、この話から「第一の法則」から「第二の法則」への移行について、いわば決定的な言葉を述べる。悟性はついに「第二の法則」を知るに至ると述べるのである。

「この変転はいまだ現実界自身の変転ではなく、純粋の変転として現れる……。しかし『概念』が悟性の概念として物の『内面』と同じものであるために、悟性にとって『この変転』は『内面の法則』として現れるのである。だから悟性が『現象そのものの法則』として経験するのは、区別が何ら区別でないこと、つまり同質の力が互いに反発する事である。……これが『第二の法則』である(3)」。

そしてここから彼は一直線に「第二の法則」の世界がいわば「逆立ちした世界」であるとともに、それこそが「生命の本質」、「世界の魂」、「万物をつらぬく血」だという話を自由に繰り広げることになる。

しかしいま引用した文章に戻れば、なんといってもポイントは「『概念』が悟性の概念として物の『内面』と同じものであるから」という文章である。ひるがえって見れば、この文章が引き出された根拠はすでに見たように、万有引力の法則が、無自覚であるにしろ「純粋な法則概念」を獲得したというところにある。そうだとすれば、ここでもへーゲルはしっかりした論理的根拠づけを行うことなく、「第一の法則」を解明した悟性が「第二の法則」の世界に移行したはずだと言っているにすぎない。

（1）　実のところ個別科学は「究極的原因」などについては一切語っていないのであり、したがって同義反復の説明などしていないのである。それはむしろへーゲルが勝手にそういう事態を想定、想像しているにすぎないのだ。
（2）　Hegel: Phänomenologie, S. 126（樫山訳一〇一頁、長谷川訳一〇九頁）。
（3）　Ibid., S. 121（樫山訳九七頁、長谷川訳一〇五頁）。

12 観念論の壁

ヘーゲルの論述がかなり錯綜しているためにここでは、あえてヘーゲルの論述を順を追って見てきたが、肝心のところで説得力をもった議論をしているとは思えない。この点の「移行」について最もオーソドックスな評注を加えたイポリットでさえ、この移行が「あまりに唐突」だといい、だからその移行のプロセスを跡づけることは「我々には極めてむずかしい」とまで言っている。[1] しかもそのイポリットの説明も、結局はいままで見てきたポイントをヘーゲルの立場から述べているだけで、ほとんど内容的にはヘーゲル自身と変わらないものである。要するにヘーゲルの説明の曖昧さをそのまま持ち込んでいると言ってよい。

ともかくこれまで細かい点を見てきたが、以上見てきたような議論をヘーゲルがした根底には、なんといっても悟性が捉える世界は超感覚的世界であるという見方がある。そういう対象は言うなれば意識自身の考え出したもの、つまり観念、理念の世界から成り立っているから、意識が考える世界と対象の世界とが同一のものになって、意識と対象が一致するに至ると考えるわけである。ところが対象を構成しているものを観念で取り出してみても、実は一般的な自然法則（第一の法則）の場合は、それが感覚的対象の認識を目指しているかぎり、それぞれの区別項目は感覚的対象を抽象化したものにならざるをえないわけである。だから意識と対象は同じものとは言えないのであって、この場合は意識は感覚的対象を追っかけていき、追っかけた内容が正しいかどうかはもう一度自分の捉えたものを対象とつき合わす必要がある。それではいつまでたっても意識は間違うかもしれない何ものかであって、対象と意識が一致する保証はないことになるのである。

ところが悟性が法則を対象として、さらに一般的な法則を求めて、この世を支配する原因の原因といえるものの探究に向かって突き進むと、遂に知らないうちに法則なるものが実は、物を生み出す何らかの「力」と名づけてよいものを想定してしまうことになり、それを想定したとき、遂にその「力」がすべてを生み出しているという風に考えざるをえなくなって、トートロジーという形ではあっても、そう考えてしまっている。そしてそのことは、悟性が対象を真に観念的な「内的なもの」の発現として見ていることになるというわけである。

これが彼の考えた粗筋であるが、やはりこの推論には無理があったと思うのである。細かいことはすでに述べたが、彼がこのように想定できたのは結局ニュートンの力学が、こういう想定に最も近い構造を持っていたからだと思う。そこでの学問の展開のあり方も、力という概念を使っていた点も、ヘーゲルの想定を裏づけているように思えたのであろう。しかしながら細かく見てきたように、そもそもニュートンの「力」はヘーゲルが思いを託した「力」とは全く違うといってもよいものだったのであり、電磁気学もまたそうだった。もし彼があくまでその観念論を論証しようとするなら別の道を通る必要があったのではあるまいか。僕からみれば、むしろこのような壁を論理で突破しようとするよりも、はっきり先験的に彼の形而上学を述べたほうが、はるかに人々に分かりやすく、ひょっとすればかえって説得力を持ちえたかもしれないと思うのである。しかしながらそうなれば、ヘーゲルはもはやヘーゲルでなくなったであろうことも確かである。

（1） J. Hyppolite: Genèse et strukture de la phénoménologie de l'esprit de Hegel（邦訳『一七五頁』）。

13 ヘーゲルのリアリティ

ヘーゲルの思想はまことに麗しい。おそらく彼は自分の前に現れた世界に魅せられたに違いない。あらゆるものが人間の、いや彼の精神によって見通され、透明になってゆく。いや透明になってゆくことによって、逆に虹の輝きを増したのであろう。彼自身がプリズムとなり、透明度を増し、その分光器を通してさまざまな事象が照らし出されていったと言ってもよい。しかしその分光器を通さない事象もまた存在したのではあるまいか。彼は見通したつもりだったかもしれないが、それは肝心の核になるところをよけて通っていたように思われる。物理学者になり代わって彼は区別項目を透視し、その向こうに「力」を見つけたつもりになったが、物理学者は依然として不透明な項目でしか現実を分析できないのである。

「意識」の三段階は、いかにも人間の認識の展開をあとづけているようにみえるが、実は、彼が不透明なものとして放置したもの、つまり人間にとって本質的な意味を持たないと彼が考えたものが、本当は人間にとって大変おおきな意味をもっていたかもしれないのである。この三段階は彼がそういった不透明なものを次々と切り捨ててゆくプロセスを示しているとも言える。その一番最後が、法則の中の区別項目の抹殺である。彼は理性に向かってゆくもの、あるいは理性に役立つものを拾い上げ、その角度からしか事象の意味を汲みとらなかったと言ってもいい。理性に近いものを上位に置いて、そこに勝手に段階づけをしたと言ってもいいのだ。例えば人間の「感覚」は実は、大変おおきな認識行為をすでになしとげている。それは知覚をまつまでもなかった。のみならずほんとうをいうと、感覚の世界で人間は「自己」を知る。そこでこそ最も根源的な意味で自己を知るとも言える。それは次章で見る通りだ。彼はこの感覚の世界をその不透明さゆえに、避けて通っているのだ。そして知覚の段階でも、それが感覚世界に関与しているかぎり、まだ不完全な認識でしかないと言う。あるいはその意味では感情もまた彼にとって得体の知れない不透明なものだった。だからその働きを認めるとしても、それが理性のさきがけとして、理性の要請と一致するかぎりでしかその存在を認めなかったと言ってよい。

ただ意識の三段階に限っていえば、少なくともこれを理性へ向かって人間認識が発展してゆく姿として捉えることは可能であろう。そういう視点が全く無意味なわけではない。しかし最後の段階で、悟性が遂に物的対象の中に超感覚的なものを、つまり自己と同じ「精神」を見いだしたという説明は失敗に終わっているとしか思えない。そしてそれに失敗したということは彼の観念論は破綻したことになる。もちろん彼はそれでも観念論を信ずることはできる。僕にしても、ある意味で自分が観念論者かもしれないと思うことがある。僕は少なくとも生きているかぎり芸術なくして生きてゆくことはできないし、おそらく考えるという営みなしに生きてゆくこともできない。そしてそれは多分「美」や「真」を僕が信じているということだと思うからである。ましてヘーゲルにとってはまさに理性こそ信じるに値する究極の価値だった。だからたとえ論証に失敗しても、おそらく彼の観念論は微塵もゆるがないものだったに違いない。

にもかかわらず、この論証の失敗にはそういって済まされないものがあるように思われる。それはヘーゲルがあくまで理性の場で、すなわち誰もが修得可能なものとしての学問の場で観念論を打ち立てようとしたからであり、その場での論証の失敗はそのまま彼の哲学の失敗を意味するからである。もちろん彼のダイナミックな認識には、いまだに多くの知的遺産があり、僕はそこから多くのものを学んでいる。しかし根本のところで僕にはヘーゲルの体系は壮大な、麗しい夢のように思える。いや所詮僕等の人生は夢かもしれない。ただ夢なくして僕等は生きてゆけない存在だとすれば、その夢にもリアリティは存在する。いやニーチェのいうように、この夢こそが、人間にとっての最もリアルな現実かもしれない。ヘーゲル自身にとってのそのリアリティは誰も否定できないものである。しかし残念ながらそれはもはや僕のリアリティにはなりえないものなのだ。

第6章　自己意識について

1　自我は光なり

これでやっとヘーゲルの自我論のところまでやってきた。僕には彼の哲学のなかでも自我論がとりわけ魅力的に思えるが、それと同時にまた最も異論の多い部分でもある。その点、僕のヘーゲル論の最後として最もふさわしいテーマかもしれない。

ヘーゲルの自我論といえば、なんといっても僕に印象深かったのは『精神現象学』の自己意識論よりは『エンチクロペディ』に現れる「自我は光だ」という比喩である。それは何か自我についての決定的なイメージを与えてくれる。それはヘーゲルが考えていた自我の像を鮮明に浮かび上がらせている。彼の錯綜した自己意識論に入ってゆくのに最適の文だと思う。まずは、その比喩の話から始めよう。

「自我は自分および他者を顕示する光である」と彼は言う。(1) 何と美しい比喩であろうか。『精神現象学』の時点ではまだこのような比喩がなかったことを思うと、『エンチクロペディ』を書いていくうちにこの比喩が飛び込んできたのであろうか。まさに光が差し込むようにこの比喩が飛び込んできたのかもしれない。ともかくこの比喩だけで僕等の想像力も一挙に羽ばたくような思いにさせられる比喩ではあるまいか。

「自我は光である」。そうだ自我によって、自我を通して初めてこの世が見えてくる。自我が働きださないないかぎり、この世は闇なのだ。ヘーゲルは言うのである。「光は自分自身および自分の他者、つまり『暗きもの』の顕示であり、しかもあの他者を顕わすことによってのみ自分を顕わすことができる。ちょうどそれと同じように自我もまた、ただ自分にとって自分の他者が自分から独立な或るものの形をとって顕わになる限りにおいてのみ、自分自身にとって顕わになる」(2)。

何よりもこの命題は第一に、自我こそがこの世のすべての存在の源であることを謳っている。もちろんこのように言い切ってしまえば、たちどころに無数の反論が返ってくるだろう。いずれ述べるように、確かにそれで片づけるわけにはゆかない。にもかかわらず、これは真実な命題だ。その自我がどれほどちっぽけな自我であろうとも、僕等は自我を通してしかこの世を見ることができないのだ。もう少し穏やかな表現で言えば、いい意味でも悪い意味でも自我こそが、この世と繋がる糸なのであり、窓だと言っていい。あるいはこの世のすべては自我と関係するかぎりにおいてのみ存在すると言ってもよい。そのことを積極的に力強く謳ったのがこの比喩である。そう思えるのは僕自身がやはり自我主義の世界にいるからかもしれないが、いずれにしろ「自我は光である」という命題は何よりも、ドイツ観念論の自我至上主義、人間賛歌を謳いあげたものと言っていい。あるいはまさに近代的自我と呼んでいいものの高らかな宣言である。そしてまた近代的自我という風にいえば、ここでも自我の出現が同時に「見る自分」と「見られる自分」に分裂したことを意味しており、その点でも彼の自我論はまさに近代の自我を象徴的に捉えていたといえるだろう。

そしてこの主張はたちどころにプロタゴラスの人間主義を思い起こさせる。しかしそれはプロタゴラスのものではない。プロタゴラスは言うまでもなく「人間は万物の尺度である。在ることについては在ることの、無いことについては無いことの」という言葉によって知られているが、その徹底した人間主義の「尺度」はあくまで一人ひとりの個人だった。そこに人間の共通の尺度があるわけではない。人それぞれに真実があって当然だというのがプロタゴラスである。(3)

ヘーゲルが「自我は光である」といったとき、そういうプロタゴラス風なことが言われていたわけではない。その意味では全く逆に、ヘーゲルの自我は普遍的な能力を指していた。それが光であるということは、まさに透明なものであることを示唆しており、言いかえると自我は誰にも共通する透明な能力のことを示唆していたのである。それが光というものに込められたもう一つの意味だと思う。いわば「われ」が同時に「われわれ」でもありうる普遍的な自我が想定されていたのである。(4)

もちろん現実の人間をみたとき、プロタゴラスの方が現実を示しているではないかと反論することはできる。僕等は自分という固有名詞付きの自我しかもっていないとすれば、普遍的自我に到達できない僕等は無色透明の光のような自我をもつことができなくて、いわば色眼鏡をかけてしか現実に接することしかできない。それ以外に接するすべがないとしたら、そこに居直ったプロタゴラスの世界が現れざるをえないかもしれないのである。しかしながらヘーゲルに言わせれば、色眼鏡をかけた自我は実は自我とは呼べないものなのだ。自我が真に自我と呼ぶにふさわしいものになったとき、それはまさに透明な光となって、この世のありのままの姿を照らし出す。というのはヘーゲルにとっての自我は、何より自分自身を対象化し、自分の他者である「暗きもの」を自覚し、見通したときに現れる自分自身についての透明な意識だからであり、色眼鏡をつけているとき、そういう透明な自我は生まれてこないからである。もっとはっきり言えば、ヘーゲルの自我は、理性的認識主体として普遍化されたとき、真の自我と呼びうる主体となる。そのとき自我は光に喩えられるものとなるのである。そのときこの光は自らプリズムとなって、人間にとって最も大切な真善美なる光を放ち、自ら真の主体となるとも言えるだろう。

もともとこれまでの話の展開から分かるように、まず主観的精神が「意識」として現れたとき、対象は不透明な感覚的世界から成っていた。しかし「意識」は、感覚的確信、知覚、悟性と認識を深めることによって対象を透明化していった。そのことに比例して「意識」も透明化を遂げ、悟性によって対象が自己と同じ精神を本質とすることが理解されたとき、遂に自己意識が生まれるとともにその自己意識は光のごとき透明性を獲得するのであり、すべてを見通し、照らし出す原理であることを自ら自覚するに至るのである。そしてそうなったとき、ヘーゲルの世界は遂に主観、客観ともに透明な精神によって統一されることになる。ヘーゲルの話はそのように構成されているように思うのである。

（1） W. F. Hegel: Enzyklopädie der philosophischen Wissenschaften, Ⅲ, S. 199（舟山信一訳『精神哲学』下巻、九頁）。彼は自我と自己意識をほぼ同義で使っているが、自己意識の場合は、これを三段階に分けてその展開を分析しているのに対して、自我という言葉を使うときは、この三段階すべてを含んだトータルな自己意識を指しているように思われる。つまり自己意識という言葉は分析用具としての言葉であり、自我という言葉は事象全体を表示する言葉として使われているように思われる。

（2） Ibid., S. 201（邦訳下、一二頁）。

（3） 田中美知太郎『ロゴスとイデア』岩波書店、一三四頁。プラトン『テアイテトス』。

（4） Hegel: Phänomenologie des Geistes, S. 145（『精神現象学』樫山訳一一五頁、長谷川訳一一八頁）。

2 自我は思惟である

しかしながらそうだとすれば、いったいこのように透明な自我はどのようにして生まれるのであろうか。自我は一般的に考えてみても、手に負えないような諸々の「思い」に満たされた不透明きわまりないものではなかろうか。フロイトが格闘した自我もそのようなものであったはずである。僕等自身もそういう自分を経験し続けているはずである。

ところがヘーゲルの透明な自我は、自分の欲望や願望によってのたうち回るような自我ではない。

それは見事なまでに、透明な自我である。もちろんヘーゲルはその手に負えない欲望や願望の存在を知っていた。むしろ自我は自らの「他者」であるこの「暗きもの」（欲望や願望）が己自身の中にあることを照らし出すことによってこそ、自らの存在に気づくというのである。自分の中の暗きものに出会ったとき、自我は自分に愕然とするという。自我というものが、自分の中の他者に出会ったとき初めて自我が生まれるという彼の指摘は、彼が自我の中にある「暗きもの」の存在の大きさをよく認識していたことを示している。

しかし同時に自我が自我と呼べるには、まさにその暗きものを克服しなければならない。そうでないかぎり人間は欲望や願望に振り回されているにすぎない。そうでないかぎり自我は真の意味で自らの主人にもなりえないからである。したがって、いままでの比喩でいえば、光となって自分の他者を見通す自我こそが、真の自我の核心となる。言いかえると自分の中の他者を見通す自我は、対象（自分の中の他者）を「観念化」し、「見通す」（透明化する）ことによって対象の制約から脱却し、対象を「否定」するのである。そのことによって自我は自らの知がすべての根源である精神そのものであることを実証してみせるのである。だからヘーゲルは、自我は「知」であり、「思惟」だともいう。それゆえにそれは普遍的能力と呼びうるものであり、また透明な光に喩えられるのである。

そうだとすればそのような自我はいったいどのようにして生まれるというのであろうか。この光はどこからやって来るのであろうか。彼の言う主観的精神の展開のなかで、この自我はどのような道筋から生まれて来るのか、あるいは「暗きもの」の存在と自我とはそのときどのような関係を形づくっているのか、そのことが問題になってくる。

3　心が生まれるとき

そういう観点から彼の議論を振り返ってみると、とりあえずは悟性による「法則」認識から遂に「意識」が自分に向かい、自らを精神であると知ったときに自己意識（自我）が獲得されるということだった。しかしその話からさらに「自己意識」そのものの展開を見ていくと、自我の形成に関する実に驚くべき観念論、いやむしろ詭弁にぶちあたる。彼は自己意識を三段階に分けて透明な自我が生まれてくる所以を述べている。その議論はあとで詳しく見ることになるが、ともかく彼の正面切ったその議論は僕にはとても受け容れられない。ところが彼は別のところで、その観念論とは別に、きわめてストレートに、この透明な自我は突然稲妻がきらめくように生じるものだという話をしている。そこでは全く論証を省いているが、むしろ僕にはそのほうがはるかに現実に即しているし、そのほうがかえって説得力があるようにさえ思える。そこで、とりあえずは、稲妻の話から見ていきたい。

彼は次のように端的に言うのである。「自我」は「自然心を貫通し、自然心の自然性を焼き尽くす稲妻であり[1]」、それは「肉体性から解放されて独立して存在する一つの抽象的全体系」なのであると[2]。つまり自我は光にふさわしく突然稲妻のように現れる。そして私的な欲望や願望といった不透明な得体の知れないものを自己の中で対象化し見通すことによって、そういったものから自己を解放する。

そういう観念的存在が自我だというのである。この文章は「意識」が生まれる直前の主観的精神、つまり「現実的心」について語ったところにあるが、その具体的な様子は次のように説明される。

まず彼は、無意識下ではあっても人間の「心」が一つの主観として肉体から独立してくる様を描いている。「心」が生まれる以前、動物は感覚と本能によっていわば生理的な反応を繰り返しているにすぎなかったのが、「心」と呼んでいいものが生まれると、人間（また動物）は無自覚ではあっても、何か「思い」(3)をもって行動するようになる。その「思い」が人間の行動を導いている事態を想定すればよい。そのときこの「思い」はもちろん物質ではなくて、やはり観念と呼ぶほかない実体となって、何ごとかを意欲する。それを彼は「心」と名づけているが、この心は「思い」を遂げようとするとき、知らぬ間に自分の肉体、あるいは肉体性を対象化するに至るというのである。例えばこの「心」は何か思いをもって自分の肉体である腕や足を動かそうとしても、意のままにならない時がある。そのとき「心は自分の威力がこのように制限されているという感情を抱くようになる事によって、自己自身へと反省し、また肉体性を自分（心）にとって疎遠なものとして自分から投げ出す。精神はこの自己反省によって存在の形態からの自分の解放を完成させ、自分に本質の形態を与え、自我になる」(4)。そこで次の文章が生まれている。「自我においてはこの事によって、個別的なものに関する単なる感覚作用に制限されている自然的覚醒よりもいっそう高次の種類の覚醒が生ずる。なぜかといえば、自我は自然心を貫通し、自然心の自然性を焼き尽くす稲妻だからである」(5)。

（1）Hegel: Enzyklopädie, Ⅲ, S. 198（邦訳上、三二四頁）。
（2）Ibid., S. 198（邦訳上、三二五頁）。
（3）この「思い」という言葉は、この事態を分かりやすく説明するために僕が勝手にここで使っているだけで、ヘーゲルはこのような言葉は一切使っていない。
（4）Hegel: Enzyklopädie, Ⅲ, S. 217（邦訳下、四一〜四二頁）。
（5）Ibid., S. 217（邦訳下、四二〜四三頁）。

4　自然心を焼き尽くす稲妻

これはよくできた話である。要するに自我は、心が何か思いに囚われて何ごとかをしようとするとき、自分自身の肉体や感情が意のままにならぬ、そういう抵抗に出くわす。そのとき自我は自分自身が自分にとってままならぬ存在であることに気づくのである。しかしそれと同時に抵抗に出会うことによって「私の思い」そのものの存在に気づく。その思いを思いたらしめる「私の心」に気づく。そしてこの「気づいた自分」のことが真の自我の誕生となる。そして心が自らの存在に気づくことをヘーゲルは、自己意識が自分に「帰還する」と表現するのである。以上の事態は別の角度からいうと、そのとき「見る自分」と「見られる自分」の分裂が生じるということでもある。そしてこの自我の分裂はまるで稲妻のようにやってくるというのである。

しかしこのように自我が生まれるというとき、あくまでその主人公は「見る自分」のほうにある。

それこそが、何かを「思い」、自分の「自然性」（自然的制約性）に気づき、そういう自己を遂に自覚するに至る張本人だからである。もちろん自我は、対象化された自分をもう一度自分として取り込んではいるが、自我を自我たらしめる本質は見るほうの自分にあると言うべきであろう。もし「見る自分」を放棄して「自然心」のほうへ帰って、これを自己の本質としたら、それは動物に帰ったことにしかならないからである。自然的制約性を認識し、そこを突き抜けて自由な主体であることを自覚することこそ、ヘーゲルにとって自我が自我になるということだからである。だからヘーゲルは自己意識の本質は「知」であり、「思惟」であるとも言うのだ(1)。

ではそういう「知」が「自然心」を「稲妻のように焼き尽くす」とはどういうことなのか。彼の叙述を読むと、それは実際に自分の欲望や感情や肉体の不如意を自己の支配下において、自分の「思い」のままにコントロールすることが一つ考えられていたように思われる。とくに「現実的心」の箇所がそうである。しかしこれまでも指摘してきたように彼が一番言いたかったのは、対象（この場合は「見られる自分」、「自然心」）を見通すこと自身が、その対象から人を解放することになるということである。彼は根本的に「知」というものをそういう働きをもつものと考えている。前に「感情と理性」の所（第4章）で述べたように、「知る」という理性の営みはまさに「知る」ことによって、対象からの被制約性を見抜き、そのことが人を対象から解放するのである。だからここでも、自我が己の自然心を自分のものとして見抜くことが、自然心としての自己を克服することであり、「自然心を焼き尽くす」ことだと考えていたように思う。

これまでの議論をみると、なんといっても自我のある側面が見事に捉えられていると言ってよい。それが人間の欲望の中から突如稲妻のごとく生まれる話も、それがまさに光に喩えられるものであることもそれ自身よく分かる話である。実際、自我は現実にはさまざまな欲望や感情にのたうちまわるとしても、僕等は間違いなく彼の言うような「思惟」する実体としての自我を働かせ続けている。第４章の最後でも見たように、思惟そのものがさまざまな欲望、願望に振り回されているとしても、思惟が思惟として働いているかぎり、それは人間の主体を支える柱になっている。そしてこのような思惟としての自我は、まさに「私は私である」という「確信」としてのみ存在する抽象的観念体であり、その意味で無色透明な光である。「私」という存在は、心が「私」と思っているかぎりで私として存在するにすぎない（われ思う、ゆえにわれあり）。しかもその私が現れるのは不思議としか言いようのない、いわば稲妻が走るとでも言うしかない形で人に与えられるものである。だから彼はあるところで、生命体である人間には「自己意識が点火される」という言い方もしている(2)。

しかしヘーゲルはこの比喩だけでは満足しなかった。彼は、このような自我（自己意識）が主観的精神として自ら姿を現すいわれを、まさに主観的精神それ自身の運動として示そうとする。そのとき食欲のような「欲望」そのものさえ主観的精神の所産として弁証法の中で説明される。しかしそのことを論証しようとして彼はとんでもない観念論に陥ってしまったと思うのである。そこでこれからその弁証法を検討してみよう。

（1）　Hegel: Enzyklopädie, Ⅲ, S. 197（邦訳上、三三三頁）。Ibid., S. 200（邦訳下、一一頁）。
（2）　Ibid., S. 212（邦訳下、二三頁）。

5　「われ欲す、ゆえにわれあり」

まずは『精神現象学』の自己意識論を取り上げて、それを概説することから始めたい。

彼は自己意識（自我）をいつものように三段階に分けて、それを一つの発展系列として話を展開している。それは周知のように『エンチクロペディ』の名づけ方によれば「欲望する自己意識」、「承認する自己意識」および「普遍的自己意識」の三者である。自己意識はこの段階を経ることによって、真の「自己意識」または「自我」と呼びうるものに形成されるとともに、遂に「理性」の世界が現れるという構造になっている。ともかく「欲望する自己意識」がどういうものかまず見ていこう。

その基本的内容からいうと、「私は私である」という自分についての自覚は、ものを食べるという行為とともに初めて姿を現すというのが「欲望する自己意識」の意味である。つまり「欲望する」というときの「欲望」は何よりも食欲を直接指している。彼がこの言葉でさらに性欲や他人への支配欲を含めていたかどうか文面からはかならずしもはっきりしないのだが、内容から見て、ここで彼が念頭に置いていたのはまぎれもなく食欲のことである。

ところでそういう欲望が自己意識であるということはどういうことか。それは「私」というものが自覚される端緒は、「私はあれが食べたい」という「欲望」の形で現れるということであり、人間が生き物として生きてゆこうとするとき、生き物としての最も根源的なふるまいの中で、「私は……」という意識が生ずるということである。確かに人間は何よりも生きてゆかねばならず、そのとき外の世界に働きかけ、自己の欲望を満たそうとする。そのとき自己意識が初めて姿を現すといってよいだろう。以前「感じる心」のところで現れた私も「あれを食べたい私」であったが、そしてそれは単に感じられていたにすぎないが、今度ははっきりそういう自己として「意識され」、認識されるということである。

このことを先ほどの「思い」という言葉を使って説明するなら、「思い」は「思い」でも「あれを食べたいという思い」（欲望）が自己意識を生む、いやその「思い」こそ初めて生まれた自己意識そのものだということである。具体的に食欲の充足行為を思い浮かべてみるなら、自己意識は「感じる心」のときと同じ形で生ずると考えられる。例えば何か獲物を捕ろうとするとき、辛い思いをしたり、あるいは自己の無力を感じさせられることがある。あるいは単に植物の採集でさえも、岩場で足をすべらせたり、棘にさされたりする。自分の肌が傷つきやすく柔らかいことを知り、自分が大人のように走れないことも知る。そういったことすべてが自分というものを意識させられる契機になるだろう。しかしそのとき単に「感じる」だけでなく、はっきり「意識させられた私」は「あれを食べたい私」だということである。つまり「われ欲す、ゆえにわれあり」とでもいうことである。

しかしこの時の自己意識はまだ光にはほど遠い。それはまだ「私の思い」が肉体から一応離れて、一つの観念的存在として初めて現れ出たとはいえ、その心はひたすら対象を求めている。だからこの時の自己意識とは、欲望に対して別の「意識」が稲妻のごとく出現してこれを焼き尽くすというのではなくて、欲望（思い）そのものが、私なのである。この自己意識は焼き尽くされないといけない。そうなったとき自我の新しい段階が生まれるのである。

6　食べることの意味

ところで「欲望する自己意識」、つまり「私はあれが欲しい」という「思い」の中には、すでに自分の欲望こそ絶対だという思いが秘められているとヘーゲルは言う。美味しい食べ物が目の前にあるとき、それは自分のものでなくてはならないのだ。人間が一個の個体として生きてゆこうとするかぎり、自分の欲望こそが絶対なのであり、自分こそがこの世の主人公である。生き物として生きるとはそういうことなのだ。その思いで人は物に向かう。そうだとすれば「欲望する自己意識」では、自己の絶対性が生の形で自己を主張しているとまず考えられる。

そしてこのことを前提にしてヘーゲルは「食べる」ことについて独特の意味づけをしている。彼によれば、この欲望を充足する行為、つまり食べることは、自己意識が以上のような己の絶対性を身をもって実証し、実現する行為だというのである。そのために食べるという行為があるというのである。言いかえるとこの段階での自己意識は感覚的対象を食い尽くすことによって、自己の絶対性を実現してみせる。そのことによって感覚的存在（対象）の「みせかけの独立性」を「否定」するというわけである。ここにヘーゲル独特の観念論が現れている。「食べる」ことが対象の「みせかけの独立性の否定」であるという命題こそ、これから僕が批判する中心命題の一つでもあるので、ここでその説明をまずしておきたい。

ちょっと振り返ってみると、そもそも「意識」の段階では、対象はあくまで「感覚的世界」として主観（意識）から独立しているものだった。ところが「意識」が「感覚」から「知覚」、「悟性」へと認識を深めるにしたがって対象は「観念」によって透明化され、その本質が「超感覚的」なもの、つまり「精神」であることが分かってくる。そして「悟性」の段階では、遂に「自己意識」という主観的精神と同じ構造を感覚的対象の中に見て取るようになるということであった。つまり同一のものが自ら区別を生みながら依然として同一のものにとどまっているもの（法則）を感覚的対象の中に見いだした「意識」は、それが「意識」自身の本来の姿であることを知る。「意識」自身の故郷であり、意識自身を生み出している「自己意識」も「見る自分」と「見られる自分」に分裂しながら、また同一のものであり続けるものだからである。かくして以前、感覚的対象と対峙していた「意識」は「自己意識」こそが自分の故郷であることに気づくとともに、感覚的対象の独立性も「みせかけ」のものでしかなく、その本質は自己と同じ精神のものであることが理解される。だからこの局面で、対象と意識の区別はもはやなくなってしまうのである。だからまたこの時点で、感覚的存在は、その独立性をいったん否定されているわけである。

しかし生まれたばかりの自己意識は、「私はあれが食べたい」というばかりの自己意識であって、自己の絶対性は感覚的対象を「食べる」形でしかその絶対性を実現できない。言いかえるとこの自己意識は自己のほうがすべてを見通す原理であり、こちらが本質であり、したがって自分のほうが絶対であると信じてはいるが、そのことはまだ何も確証されていないとヘーゲルは言う。そこで己のほうが本質であり、絶対であることを「確信」しようとするなら、現実に感覚的存在を食べるという形で「みせかけの独立性」を「否定」する、と言うのである。

この話はそれなりに分からなくはない。しかしながらここにはすでに感覚的存在を「否定」すると言うとき、二つの意味が含まれている。一つは観念によって見通すという意味での否定であり、もう一つは実際にこれを食べてしまうという意味での否定である。それが同じ意味をもつものとして論じられている。この点はあとで批判することにするが、ヘーゲルはこの話から、当然のごとく「欲望」そのものが、もともと主観的精神が生みだしたもの、いや自己意識そのものが生みだしものだという話にもっていく。対象の「否定」が以上のように二重の意味をはらんでいるとすれば、欲望そのものも二重の意味をもたされていたのである。すなわち「欲望」は生物的欲求であると同時に、自己意識という主観的精神そのものが己の「絶対性を確信しようとする衝動」でもあるのだ。ヘーゲル自身はこのような対応関係を何も述べていないが、彼の話の組立は以上のようになっていると思われる。

欲望は生物的欲求であるのみならず、自己意識そのものの運動の所産だという話は『精神現象学』にも出てくるが[1]、『エンチクロペディ』でさらに詳しく論じられている。そこで基本的な疑問は残したまま、とりあえず欲望は自己意識の運動の所産だという『エンチクロペディ』の内容を見てみよう。

（1）Hegel: Phänomenologie, S. 139（樫山訳一一〇頁、長谷川訳一一二頁）。

7　欲望する自己意識の矛盾

ともかく『エンチクロペディ』でも、欲望は、自己意識が己の絶対性を確信しようとし、感覚的対象のほうが非本質的なもの（対象の存在は自己意識が定立した「みせかけ」のもの）でしかないことを実証しようとするときに生ずるものと考えられている。ただその説明は、「自己意識そのものの矛盾」を解消しようとする自己意識の「衝動」という視点から論じられている。その「衝動」が「欲望」という形を取るということである。

この場合、自己意識の矛盾は、初めて生まれた自己意識の中にも存在する「自己の絶対を信ずる自己意識」と、依然としてその中に残されている前段階の「意識」との矛盾として論じられ、別の説明では、「一面的、主観的自己意識」と「外面的な、対象に関係する自己意識」との矛盾として論じられている。いずれも内容としては同じことが論じられている。これまでの僕の言葉でいえば、初めて生まれたときの「見る自分」と「見られる自分」の矛盾である。

これがどうして矛盾かというと、「見る自分」はすでに自分がこの世のすべての原理であり、絶対であることを信じている自分であるのに対して、「見られた自分」はひたすら「あれが欲しい」、「あれが食べたい私」であって、初めて生まれた自己意識はただひたすら「私は……」と自己を主張し、何かを欲望するのみで、私自身が観念的存在として肉体から独立したものであることを全く自覚していないからである。「見られた自分」はいわば、感覚的対象への「思い」に囚われた自己であり、まして「私は私である」などという抽象化された自己についての自覚は全くない。だからこのような「直接的な自己意識」は「まだ『私は私である』を対象としてもっているのではなくて、単に私を対象にもっているにすぎない[1]」ことになる。

ところが自己意識が真の自己意識になるには、そういう「意識」を完全に「否定」した、純粋に観念的存在としての自己意識、つまり「対象」から完全に自立した自己意識にならなければならない。それはまさに「私は私である」を意識の対象にする自己意識であり、絶対的確信としての自己意識である。それはあらゆるものの認識の根拠としての自我であり、しかもその存在は自らを信ずることによってしか存在しえない（「われ思う、ゆえにわれあり」）まさに絶対的に観念的な存在である。言いかえると、世界を見通すことで、世界を「否定」し、世界を自己のものとする絶対的自我である。そうだとすれば、このように絶対的であろうとする「自己意識」と、「意識にまとわりつかれた自己意識」が対立しながら存在するということは自己意識そのものに矛盾があることになる。そこでこの矛盾を廃棄しようとし、真の自己意識になろうとする「衝動」が「欲望」となって現れると言うのである。自分の絶対性を勝手に信じていた「一面的、主観的自己意識」が感覚的対象を食い尽くすことによって「外面的、対象に関わる自己意識」の存在を解消してしまうと言うのである。[2] そのことによって主観の絶対性が客観的に実現し、この主観に「客観性を与える」ことになると言うのである。[3]

つまり『精神現象学』では感覚的対象の見せかけの独立性と自己意識との矛盾だったものが、ここでは「意識と自己意識の矛盾」として捉え直されているわけである。そしてその矛盾を解消して自己意識の絶対性を確立しようとする衝動が欲望（食欲）となって現れると言うのである。

（１）　Hegel: Enzyklopädie, Ⅲ, S. 213（邦訳下、三三五頁）。
（２）　Ibid., S. 215（邦訳下、三三七頁）。
（３）　Ibid., S. 217（邦訳下、四三一頁）。

8　猿でも知っている

話の筋は以上のようになっているのだが、これではまだ抽象的すぎて、なぜ精神の衝動が欲望となって立ち現れるか、説得力をもたない。そこでその辺のことを書いたヘーゲル自身の文章を紹介しよう。彼の観念論の典型の一つでもあり、彼の思考経路に一度つき合って頂きたいからである。彼は次のように言っている。

「自己意識をもった主観は自分を外面的な対象と潜在的自体的に同一なものとして知っており、外面的な対象が欲望を満足させる可能性を含んでいることを知っており、対象がこうして欲望に適合していることを知っており、かつまさにこのために欲望が対象によってひき起こされることを知っている。……主観は客観の中に自分自身の欠陥、自分自身の一面性を直観し、客観の中に、自分自身の本質に属しかつそれにもかかわらず自分に欠けている何かを見る。自己意識はこの矛盾を廃棄することができる。……そして自己意識がその矛盾を廃棄するやり方は、いわば単に独立であるように装っているにすぎない対象を支配し、この対象を食い尽くすことによって自分を満足させ、かつ……この過程のなかで自分を維持するというやり方である。その場合客観は没落しなければならない(1)」。そしてこのような「食べる」というプロセスの意味を端的に「ちょうど自分の客観を主観的にするのと同じように、自分の主観性に客観性を与える」ことだともいう(2)。

ともかく彼はこれと同類の文章を次から次へと続けるのであるが、僕にはまさに詭弁のようにしか思えない。彼のアイディアが分からないわけではない。しかしどう見ても、自己意識そのものの認識の発展段階とその解決としての欲望という関係づけはこじつけとしか思えないのである。それがどうしてこじつけか、ちょっとややこしくなるが、この引用文を解釈してみよう。

結論を先に言っておくと、この文章では、自己意識が対象を「観念化」し「否定」するという認識上の局面と、現実に人間には食欲があって対象を食べてしまう（否定する）という現実上の行為の局面が混同されたまま論じられていると思う。もちろん彼はこれを混同というよりは、観念と現実が別物でないことを示すために論じたに違いないのだが、これはやはり混同というほかないと僕は思う。

このことを念頭に置いてこの文章を読み返してみると、まず「自己意識をもった主観は自分を外面的な対象と潜在的自体的に同一なものとして知って」いるという最初の文章は、明らかに「……ものとして知っている」という表現から分かるように、認識論上の命題である。それは自己意識という主観が、すでに外界の対象の本質が観念あるいは精神であることを見通しているということ、だから自己意識と対象は本来「自体的に同一なもの」つまり精神であることを知っている、という意味である。だからそれは認識上の問題である。ところがそれに続く、自己意識は「外面的な対象が欲望を満足させる可能性を含んでいることを知っており、対象がこうして欲望に適合していることを知っており、かつまさにこのために欲望が対象によってひき起こされることを知っている」という文章は、ここでの自己意識の認識論上の生成プロセスと全く関係のない叙述である。つまり自己意識そのものが自己の本質についての認識を深めて、遂に真の自己意識になっていく精神自身の生成のプロセスとは全く関係ない。認識論と関係するような体裁で論じられているし、彼はそのつもりで論じているが、それは人間が食欲をもち、その食欲を満たしてくれる対象が存在することが認知できるということでしかない。しかしそれは生き物に共通する単なる生理的事実であって、自己意識の生成とは全く別の事柄である。このことなら動物もまた知っているからである。

（１）　Hegel: Enzyklopädie, Ⅲ, S. 217（邦訳下、四一一～四一二頁）。

（２）　Ibid., S. 217（邦訳下、四一一～四一三頁）。

9 自己意識に欠けているもの

しかし次の文章になると認識上の問題と食欲の問題が微妙に絡んでくる。彼は続けて次のように言っている。「主観は客観の中に自分自身の欠陥、自分自身の一面性を直観し、客観の中に、自分自身の本質に属しかつそれにもかかわらず自分に欠けている何かを見る」。まずこの文章を認識上の精神の運動として解釈してみよう。するとこの文章は、まずは自己意識という観念的存在の欠陥を叙述していることになる。観念的存在としての自己意識が本来の自己意識を獲得しようとしても、そこに欠陥がある。その欠陥は実は客観（対象）の中にあると言うのである。だとすれば第一にこの「欠陥」とは何を指すのであろうか。認識論上の問題として考えると、この欠陥は、生まれたばかりの自己意識が単に「私はあれが欲しい」とばかり言っている「私」にすぎなくて、まだ対象に囚われている「私」にすぎないという事態を指していると考えられる。それは単に主観的に一方的に何ごとかを望み、自分が主人公であることをひたすら主張する「私」にすぎないとすれば、純粋な観念的存在、無色透明で自由な自己意識には到達していない。その意味でこの自己意識には欠陥があると一応考えられる。しかしそうだとすれば、その欠陥を埋めるものが「対象」の中にあるとはどういうことか。しかもその対象はもともと「自分自身の本質に属するもの」だったと言うのである。

ここまでくると僕にはヘーゲルの考えていることが全く分からなくなる。彼が自己意識の成立のプロセスだけを問題としていたら、こんな文章は出てこなかったはずだと僕には思えるのである。なぜなら、これまでの彼の話の展開からすれば、自己意識に欠陥があって、その欠けたものが自分の本質でありながら、それが対象の中にあるなどという話は、どうしても出てこないからである。本来の自己意識に比べて、最初に現れた自己意識にはそれなりに欠陥があるというのは、理解できる。それが本来の純粋な観念性にまで純化されていないというのも分かる。あるいは別の角度から、この最初の自己意識は単に主観的なものであって、自分が無色透明な自立した自由を獲得しておらず、それゆえ、自分が本当の主体であることを確かめようとする衝動が、対象との関わりを求めるというのも分かる。しかし、自分に欠けていた本質が対象の中にあるから、その対象を求めるというのは、自己意識の成立プロセスという観点から見て、全く何が言いたいか分からないのである。

もし、自己意識の形成にとって「対象が欠けている」というのなら、それは最初から最後まで欠けているのである。なぜなら「自己意識」はそもそも「観念性」そのものであり、ヘーゲルの言うように、私という観念を信ずることによってしか存在しえないものである。そういう主観にとって、対象が問題になるのは認識との関わりでしかない。自己意識が生まれたのときのヘーゲルの論証を想い起こしてもらいたい。彼は、「意識」が対象の中に遂に「超感覚的」なものを見いだし、そこに自分と同じ精神を見いだしたから、自己意識が生まれたと言うのである。その時、感覚的対象はまさに「観念化」によって「否定」されている。そしてその中に「精神」が確認されている。だから自己意識にとって、いまさら「対象が欠けている」などということは問題になりえない。対象が自分のものでないというのであれば、それは最初からそうなのである。あくまで、こちらは「自己意識」という精神の営みであり、対象は徹頭徹尾欠けたままである。むしろそれは自己意識が生まれる前提である。だから対象が否定されるというのも、存在が現実に消えてなくなることとは何の関係もないことであって、「否定」されるということはそれが、感覚的個別性を剥奪されて、観念で見通されるということであり、感覚的存在もその本質は観念にあり、感覚的な姿はその現象にすぎないことが見通されたという意味を出ないのである。

だから別の角度からいうと、主観にとって対象は欠けているどころか、常に眼前にあり、主観はこれをまさに「知」として「所有」しているのである。「知」として所有したからこそ、その中に自己と同じものを見いだし、自己意識になったのである。知として所有することが彼の言う「否定」の根本的な意味であったはずなのだ。

しかし以上の解釈とは別に、もう一つの解釈が可能である。それは、「主観」が客観の中にもつ「本質的欠陥」が要するに、食物のことだと解釈してみることである。しかしそれがヘーゲルの本意だとすれば（事実彼の本意はそこにあるのだが）、それは何もことさら論ずるまでもないことである。引用文の最後の「自己意識がその矛盾を廃棄するやり方は、いわば単に独立であるように装っているにすぎない対象を……食い尽くすこと」という文章は、まさに『精神現象学』で彼が述べていたものの繰り返しである。と同時に、そこには引用文全体の主旨が表されていて、彼の言う「本質的欠陥」が食物であることを示している。しかしながらその意味だとすれば、それは少なくとも自己意識の成立とは関係のない叙述になってしまう。なぜなら、生き物は自己意識のあるなしにかかわらず、自分以外の対象を摂取しないと生きてゆけないからである。その意味であらゆる生き物は欠陥をもっているし、そのことを知っているからである。

10　支離滅裂なヘーゲル

突飛な発想と思われるかもしれないが、もし「感覚的対象」を「食べる」（否定する）ことが、真の自己意識を生むというのであれば、動物もまた「食べる」ことによって自己意識を生むとでもいうのであろうか。あるいはそのとき、最初から動物には自己意識なんかないというのであれば、動物の欲望はどこからやってくるのか。自己意識と意識の矛盾が「食欲」を生むというのであれば、自己意識をもたない動物には、食欲の現れようがないことになってしまうのではなかろうか。これはいかにも荒唐無稽な疑問ではあるが、逆にいうとここでヘーゲルはそれぐらい荒唐無稽な理屈をこねているように僕には思える。何も食欲の存在を自己意識の認識上の運動のほうから基礎づける必要は全くないのである。むしろ欲望という生物学的な本能の存在は当然のことなのであるから、最初に見たように、その「欲望」のなかから、突然自己意識が稲妻のごとく点火されるといえば、それで十分だとも言えるのである。これまで僕自身の主張として述べてきたように、逆に欲望がまさに生き物が主体として現れる原点なのである。だからこそ生き物として生きてゆこうとするかぎり、欲望は自己意識の原点にもなっている。と同時に、その欲望は個体にとって「絶対」だと言ってもいいのである。だから家のポチでさえ、自分が呼ばれたら、それが自分であり、餌がもらえることが分かるのだ。「私はあれが欲しい」というのが、「私」が自覚される原点と考えていい。やはり「感じる心」からストレートに「自我」の成立を説くべきだったのである。

しかしヘーゲルは断じてそのように話を組み立てることはできなかった。これまで触れてきたように、彼にとって「主体」はあくまで「理性」あるいは「精神」でなくてはならなかったからである。だから一方では欲望を自己意識の出発点として捉えながらも、欲望そのものの成立の必然性を理由づける段になると、逆に自己意識（の矛盾）から欲望の成立を基礎づけるという、驚くべき論証を試みたのである。いやむしろこれこそ彼の観念論の極致と見るべきであろうか。ヘーゲル解釈としてはおそらくそのほうが正しい。物的世界の中に精神や理性の働きを彼は見た。感情もまた理性の発現だと彼は言う。そうだとすればとうぜん欲望もまた主観的精神の現れでないはずがないのである。

そういえば彼は『精神現象学』でも『エンチクロペディ』でも、欲望とからめて「生命」というものの本質を論じている。生命と呼ばれるものはどのような個体を見ても、生成するものであると同時に死滅するものである。つまりそれはさまざまな形態変化を起こすが、しかも同一のものにとどまっている。花は花であり、犬は犬である。彼の言い方にならえば、生命は同一のものが区別を生み、区別は矛盾であれば、同一化への衝動がそれ自身の中で働く。それこそ精神そのもののふるまいであるとすれば、生命の本質は精神そのものと言ってよいことになる。したがってまた欲望も生命現象であるかぎり、精神そのものの現象だと言いたいのである。

彼の「生命論」はそれ自身きわめて魅力的であって、今日でも新しさを失わないと僕は思っている。そして彼の中にはその発想法が深くしみこんでいる。それはそれでよく分かる話だが、それを信じた彼は、欲望が自己意識の運動から生まれるはずだとまで考えたのである。だから動物でさえ感覚的存在の空しさをよく知っており、何のためらいもなく目の前の物を食べるのだといった文章さえ見られるのだ。[1]

しかしながら先に見たように、自己意識の運動から欲望の成立を説明するには無理がある。そもそも自己意識の矛盾の解消が食欲になるという説明は事実上、ひたすら自己意識の絶対性の要求からのみ論証されている。自己の絶対性を実現したいがために対象を食い尽くすという側面のみ強調されている。ところが矛盾の一方である「意識」や「外面的自己意識」の解消そのものについては、まともな説明がない。それどころか外面的自己意識である「私の欲望」は絶えず息を吹き返すとヘーゲル自身認めるのである。[2] これでは「自己意識と意識の矛盾」は止揚、解消されたことにはならない。食べることによってただ絶対性を要求する「主観的自己意識」が自己の思いを遂げたことにしかならないのである。

この辺で次に進むために彼の「欲望する自己意識」の説明について僕の納得できない点を一応まとめておくと、以下の三点に絞られる。

一つ目はいま述べたように、自己意識自身の矛盾の解消の説明がきちんとなされていない。つまり自己意識の絶対性への要求が欲望を生むという点ばかりが主張されていて、矛盾の解消そのものについて説得力のある説明が何もなされていないという点である。

二つ目は、自己意識の運動が欲望を生むという主張そのものが、生物的欲望とうまく繋がっていないという点である。本来同一のものであるはずの欲望の成立について、全く次元の異なった説明をしていながら、両者がうまく繋がっていないということである。

三つ目は、欲望の充足（食べるということ）の意味を「対象の否定」と言っているが、この意味の否定と、認識の場面で生じる「観念化」という意味での「否定」を同一のものとヘーゲルは考えている。しかしこれを同一のものとみなすことはできないという点である。

繰り返すようだが彼はその自我論を、あの「感じる心」の生物的欲望からストレートに展開すべきだったのである。ところが彼はいったんそこで欲求を主体論から切り捨てておきながら、自己意識論で再び取り上げ、今度は自己意識そのものの運動によってこれを説明しようとした。そのため二つの欲望論が分裂し、なおかついずれの場合も欲望を主体の要素から排除してしまった。最初は単なる受動的な自動機制として排除し、今回は外面的自己意識の解消という形で排除している。そのため結局は主体にとっての欲望そのものの位置づけをきっちりできなかった。僕にはそのように思える。

（1） Hegel: Phänomenologie, S. 91（樫山訳七四頁、長谷川訳七五頁）。
（2） Hegel: Enzyklopädie, Ⅲ, S. 218（邦訳下、四四頁）。

11　「おれが主人だ」

しかし彼の自己意識論にもう一度立ち戻ることにしよう。そして彼の自己意識の運動の展開を追ってみよう。

これまで自己意識は以下のように展開していた。生まれたばかりの自己意識はまずは感覚的対象に出会う。しかし己の欲望の実現を絶対、至上のことと信じて疑わない「欲望する自己意識」にとって、それらは不透明な異物であり、自己意識の絶対性に逆らう抵抗でもあった。そこで自己意識は感覚的対象を否定し、食べ尽くす。食べることによって、自分が自由な主体であることを確信しようとする。そして実際に対象を食べ尽くす。そのことによって自己意識は感覚的対象に対して、あるいは自己の肉体性に対して自分のほうこそが主体であることを実証してみせたのである。そのとき私はすべてを支配する絶対的存在となる。私がこの世の主人公なのである。これが「欲望する自己意識」の姿であった。

しかしながら自己意識はその時本当に何ものにも支配されない主人として自由な主体になったのであろうか。いやそうとはいえない。単に対象を食い尽くすだけの自己意識は、たとえ主人としての自由をもっていても、それは感覚的対象を破壊する自由をもっているにすぎないからである。人間が感覚的対象や自分の肉体性という抵抗に出会ってそれらを克服したとはいえ、それは自分が勝手に自由だと思っているにすぎない。自己意識はさらに新たな手強い相手に出会う。それがほかならぬ人間であり、「他者」なのである。

そもそも「欲望する自己意識」が自己の絶対性を感覚的対象の否定に求めても、それは対象が消えてなくなるだけのことで、それでは勝手に自分の絶対性を信じているにすぎず、そこではまさに「主観的な」自己意識が取り残されているにすぎない。そこで自己意識がその絶対性を真に客観的なものにするには別の対象がいる。自分の絶対性を認めてくれる対象である。言いかえると「対象自身を自ら否定し」、こちらの絶対性を判断し、認めてくれるような対象である。別の言い方をすれば他に対して「自らを開いて」くれながら、なおかつ「自立」しているような対象だとヘーゲルは言うのである。そのような対象はまさに「自己意識」としての「他者」以外にはない。だから自己意識は「意識」としての「他者」を求めるというのである。同じ「自己意識」としての他者によってのみ、自己意識は自己を確認できるからである。(1) つまり自己意識が自己意識として客観的なものになるには他人からの「承認」がいる。ヘーゲルは人が他者を求める理由をこのように説明する。

そしてこの承認が得られたとき、自己意識は「承認する自己意識」として新たな段階に到達するという。ではいったいその承認はどのようにして得られるのであろうか。

このとき厄介なのは、この「他者」も「私」同様、絶対的な自己意識として存在するということである。彼もまたこの世は自分のためにあると考えているのだ。ここで自己意識は、もう一人の絶対を信じる自己意識と直面し、そこでどちらが絶対であるか決着をつけなければならないという試練に曝されることになる。この試練をくぐり抜けて初めて真の自己意識と呼べるものが生まれるのである。

この試練を経ないかぎり自己意識は勝手に自分を絶対だと信じているにすぎない。この闘いの中から相互に「承認」しあう自我（自己意識）が生まれたとき、自我はまことに自我と呼ぶにふさわしい存在になるとヘーゲルは言うのである。そのプロセスは次のように説明される。

差し当たり自己意識にとって「他者」はまるで無価値なものとして現れる。それは単なる別の生命体として現れるにすぎない。ところがそれは相手にとってもまた同じである。ところがその他者と共同で何ごとかをなそうとするなら、二つの「絶対的な私」がぶつかり合うことになる。それぞれが自分のほうが絶対であり、自分のほうが真の主体であることを主張して、自分のほうを認めさせようとする。いうなれば「二つの自己意識の関係は、生死をめぐる闘争によって自他の存在を実証しようとする」ものとなる。(2) あくまで自己の絶対を主張するなら、相手を絶対的に否定せざるをえない。つまり相手を殺さざるをえない。

ところが相手を殺してみても、お互いに死が訪れるだけで、たとえ生き残っても、相手が死んでいるかぎり自己の絶対性の確証は得られないままに終わる。そこで相互承認の第一歩として、お互いの生命だけは尊重するという承認が生まれるわけだが、差し当たりは強者のほうが我を通して自己を認めさせ、弱者のほうは仕方なくこれを認めるという事態が生ずると言う。強者は命を賭けて自己を主張したのに対して、弱者は命が惜しくてただ相手の言いなりになる立場に甘んじたとき、不平等な承認が成立するのである。そしてこのような闘争と承認は歴史上、現実に起こっていたことであって、ギリシャ、ローマの時代に強い者が弱い者に強引に自分を認めさせたのが「主人」であり、認めさせられたのが「奴隷」だとヘーゲルは言う。だから彼がここで「生死をめぐる闘争」というのは単なる比喩ではなくて、事実としてそういう形で自我の形成がヨーロッパでは成立したと言っているのである。

そしてさらにこの不平等な関係から、遂に平等な相互承認が生まれたとき、ほんとうの自我、つまり「透明な自己意識」が生まれるという。それが歴史上成立したのが、近代市民社会ということになるのである。

そしてそれぞれの自己意識がそういう相互承認の経験をしているとすれば、遂には「独立に存在するさまざまな自己意識が完全な自由と自立性をもって対立しつつ、そこに統一がなり立ち」、「『われ』が『われわれ』になり、『われわれ』が『われ』になる」ような、そういう自己意識、つまり真の自我が成立するという。[3] そうなったとき、まさに第三段階の「普遍的自己意識」が生まれるのである。

（1）　Hegel: Phänomenologie, S. 143（樫山訳一一四頁、長谷川訳一二六〜一二七頁）。
（2）　Ibid., S. 148-9（樫山訳一一八頁、長谷川訳一三二頁）。
（3）　Ibid., S. 145（樫山訳一一五頁、長谷川訳一二八頁）。

12　真実はわれにあり

真の自己意識が生まれる道筋は一応以上のように考えられている。しかし彼のこれらの段階で興味深いのはいわゆる「不平等な承認」から「平等な承認関係」が生まれるプロセス、つまりは真の自己意識が生まれてくるプロセスである。先に述べたように、そこのところは歴史上実際に存在した主人と奴隷の闘争として描かれている。とりわけ奴隷こそこの不平等に承認された状態から、真の自己意識に向かう経験をした存在だと彼は言うのである。この話はヘーゲル研究家のみならずマルクス主義者によっても膾炙されてきたテーマであるが、ここでもひと通り彼の話を見てみよう。

端的にいうと、「奴隷」は隷属と死の恐怖と労働という三つの経験のなかで、「主人」が遂に獲得できなかった真の自己意識を得るとヘーゲルは言う。

奴隷はまず隷従することによって、まさに主人が独立した主体であること、つまり文字通り「主人」であることを身をもって知らされる。そのことは独立した自己意識が目の前でどういうものかを知ることであり、相手を絶対的に否定する力をもった自由な主体こそが、真の自己意識であることを知る経験となる。しかしそれは同時に自分が掛け値なしに「人間」であることを拒否され、「欲望」を拒絶されるという経験であり、もっと言えば死の恐怖にさらされるという経験でもある。それは、現実に奴隷労働という形で、人間であることさえ絶対的に拒絶される経験である。

ところがそれゆえに奴隷は真の自己意識を獲得する機縁が与えられるとヘーゲルは言う。奴隷は何よりもまずその内面から、あるいは根底から揺さぶられる。人間であることも自己であることも揺さぶられ、否定される。一個の人間として当然のことと思っていたすべてが覆える。そのとき真に自分を支えてくれるものが、自分の中にある精神以外にないことを知る。現実も物もそれはいわばかりそめのものにすぎないことを知る。自分の欲望も、それが自分が自分であることの証にはなりえないことを知る。それに対して、「主人」のほうは、まさに「欲望する自己意識」が満たされ、実現されることによって、依然として「欲望する自己意識」から脱却できない。[1] だとすれば奴隷こそ「隷従」という現実と「死の恐怖」によって、まさに自己であることの根源と対決させられ、その支えになるものが何であるかを知るようになる。少なくともそういう機縁が生じている。

しかしそれだけではないとヘーゲルは言う。奴隷はさらに、「労働」を行わざるをえない。しかし物に手を加えて何ものかを現実に生み出すという「労働」行為によって、奴隷はさらに何か精神の積極的な営みを手に入れるとヘーゲルは言う。そしてそこにこそ真の自己意識を獲得する道が開けると言う。それは「欲望する自己意識」のような、対象（物）を破壊する行為ではなくて、欲望を抑制して、むしろ物を形成する行為である。言いかえると奴隷はこの行為によって、自らの意識を実現する。それは自己実現の場となる。そのことによってまた、奴隷は対象（物）の成立を自分自身の実現として捉えることができるとともに、対象をまさに自分自身が生み出した独立の存在として捉えることが可能となる。ここに、自己意識こそがすべての根源であり、それを生み出すものが自己意識の中にある精神であることが、物の形成という形で経験されると言うのである。

この話はよくできている。この話の背景には紛れもなくローマ時代の歴史がある。ローマ時代の奴隷たちが、その苦しみの中からキリスト教を自分のものにしていったのに対して、当時の支配階級がそれから取り残されて享楽にふけった姿がある。実際彼は『歴史哲学』の中でこのあたりの見事な叙述をしている。それは歴代の歴史書の中でも白眉といってよい。それ以前のアジアの歴史叙述などは、一八世紀特有の偏見と無知にうんざりする思いをするし、近代は近代でやはりゲルマニズムの偏向が見られる。しかしローマ時代の叙述に関してはまことに見事である。それは人間があらゆるものを拒絶され、最も悲惨な苦しみの中でこそ、新たな世界を獲得し、新たな世界が開けるものであることを見事に描いている。そしてこの時の自己意識そのものの内面の展開は、とりわけ自己意識の三段階目の「自由な自己意識」(『エンチクロペディ』では「普遍的自己意識」)での「不幸な意識」で論じられている。彼の弁証法の見事な例というべきである。

（1）　Hegel: Enzyklopädie, Ⅲ, S. 224（邦訳下、五五頁）。

13　闘うはわれにあり

確かにこの話はよくできている。自我というものは他者と出会ったとき、あくまで自分の絶対を求めて、他者と闘争状態に入り、そして負けたほうこそ自己というものをとことん味わわされる。挫折したことによって、負けたほうに真の自己意識が生まれ、新しい世界の可能性が開けてくる。それは僕等が否応なく経験させられてきたことではあるまいか。

僕等は生まれ落ちると、なぜかしら自分が絶対であることを心のどこかで信じている。あるいはそれを信じたがっている。少なくとも僕等はどこまでいっても自分の人生の中では自分が主人公である。それは心理的に僕等が何らかの意味で自分が絶対であることを信じているからではなかろうか。(1) しかしそれは他者と出会うことで闘争状態に入る。そして破れ、挫折する。そのとき僕等は自分を思い知らされ、自己に気づく。そして気づいたとき、僕等は真の自我というものを獲得する第一歩を踏み出すのだ。そのかぎりで彼の話は否定すべくもない真実を語っている。

しかしながら自我というものはそういう闘争を通じてしか生まれないものだろうか。もちろんヘーゲルも自我が生まれるにはこれ以外に道がないというのではない。しかし生死を賭けない「承認」は「真の承認には及ばない」というのである。(2) 他者によってとことん自分というものが揺さぶられるところまで行かないと、真の自我というものが確立しないというわけである。確かにそこまで行ったとき人間は掛け値なしに自分と向かい合うだろうし、そのことによって自我というものが、最も確かなものになるということは想像できる。しかし依然として僕にはある種の疑問を拭いえないのである。これはやはり近代ヨーロッパ人の自我形成を語っているのではないかと。(3)

例えばこの自我論の話の発端として彼は、人間の自我はそもそも自分の絶対を信ずるがゆえに、本来相手を生かしておかないものだという。それはまずは感覚的対象を相手にして出てきた話であったが、その相手が人間であっても、自己の絶対を確証しようとするかぎり、相手を殺してしまう欲求をもつものだという。あくまで自我の本質は、何ものにも支配されない自由にあり、自己の絶対性にある。そういう発想のもとに話を展開している。しかし殺してみても自分の自己意識の確証は得られないから、まずは生かして、そこから承認を得ようとする、という話になってゆく。

そもそも「欲望」を食欲に限ってみても、食物を食い尽くし、支配することによって、自己の絶対性を確証することが、「食欲」の根本動機だというのである。そういう風に「欲望」を位置づけることそのことがどこか間違っていたのではあるまいか。彼が「欲望」を自己意識の運動の結果として意味づけたとき、すでに彼は何か根本的な事柄を見失って、悪しき観念論の世界に取り込まれてしまったのではなかろうか。

しかし自己の絶対性を確証したいという欲求は、さらに他者の否定に向かう。それはいいとしても、ここでそのことが一直線に他者を殺す欲求に至るものであろうか。人間は自己の絶対性への願望ゆえにそのような他者への支配を求めるものであろうか。いやそもそも自己の絶対性への要求はそれほど根元的なものであろうか。

確かに人間には破壊衝動があって、他者を憎み、破壊したいという欲望はある。しかしそれは自己の絶対性の確証の欲求とは別のものである。むしろ一般的にいえば、人間には他者を破壊したり、利用することによって自己の絶対性を実現しようという欲求より、他者とともに一体感を得たいという思いのほうがより根源的な欲求としてあったのではなかろうか。男女のエロスというのはそういう典型的なものだと思うが、人間も生き物である限り、男女に限らず、男同士も女同士も、いや生きとし生ける物への一体感への欲求こそが、人間の根源にあるのではなかろうか。それを感じたときこそ、人間は最も生き生きとした自分を感ずるのである。それを僕は前に、生命感情といった。闘い支配するために自然を求め、人を求めるという人間像そのものが僕には納得できないのである。自然や人間に対する欲求というものがあるとすれば、それは自己の絶対を確証するために自然や他者を破壊するためではなくて、逆に、共感しあうために自然や人を求めるものだと思うのである。他者を抹殺することで自己を実現することよりも、ともに何ごとかをなしとげようとする欲求のほうがより根源的だと思うのである。

僕は彼の理性的自我論、あるいは闘争的自我論そのものには否定しえない真実があり、いやまぎれもない真実があると思っている。しかしトータルに考えると、どうしてもその話で一貫して人間を捉えることはできないと思う。僕自身それに代わる自我論を展開できるわけではない。しかしヘーゲルを締めくくるにあたって最後に、僕自身いま考えている輪郭だけでも述べたいと思う。それは闘う人間、理性的人間であるよりは、むしろ共感しあう人間であり、感情によって支えられる人間である。

(1) 吉田脩二『全能感人間』(ミネルヴァ書房)は、人間が自己の絶対性を信ずるに至る心理的機制を、全能感という概念を軸に説き明かしている。

(2) Hegel: Phänomenologie, S. 149(樫山訳一一八頁、長谷川訳一三二頁)。

(3) この点はすでにR・ノーマンやP・ジンガーが指摘している。ただ彼等は依然としてヘーゲルのこの議論を「ヨーロッパ人の自然論」として捉え直す視点に欠けている。R. Norman: Hegel's Phenomenology. A Philosophical Introduction, Sussex Univ. Press 1976(宮坂真喜弘訳『精神現象学入門』お茶の水書房、とくに七九〜九〇頁)。P. Singer: Hegel, Oxford Univ. Press 1983 (島崎隆訳『ヘーゲル入門』青木書店、一二一頁)。

14　共感とともに生まれる自我

例えば彼は、人間が欲望や必要性に囚われているかぎり、「人間を相互に排除」しあうものだと言う。「欲望する自己意識」は人間が自由な人間としてお互いに結び合わされることを妨げると言う(1)。先ほど見たように、そういう意識は自己の絶対性のみを信じ、相手を支配し、否定するからだと言う。だからこそ自我は理性の段階に至らねばならないと言う。

しかしながら人間は「自己意識」が生まれるはるか以前に、まさに「欲望する生命体」のレベルであらゆるものに共感し、一体化する能力をもっている。生命体としての共感能力というのは、理性が働く以前に、例えば幼児が母親の喜びや怒りをそのまま自分のこととして直接感じる能力のことである。もちろん幼児には自我も自己もない。しかし自我も自己もないがゆえに、幼児の世界は自己を抜けだし、そのまま他者(母)の世界に入り込み、一体化する。それはヘーゲル自身も「精神の魔術」として認めている通りなのである。そういう根源的な共感能力は生命が生命であるかぎり、生命体に備わっているのだ。だから僕等は動物と心を通わせることさえできるのである。そして生命体としてのこの共感能力と、己自身の感覚的接触によって、幼児は幼児なりの自我を形成してゆく。それがさらに思春期に入って大きな肉体的変化が起こると、新たな自我の目覚めが生じ、自己は分裂する。そして理性も活発に働き始める。しかしそのときも人間の共感能力は最も根源的な能力として働き続けているはずだ。そのときヘーゲルの言うように、いきなり自我が理性的なものに向かって集約され、透明化するわけではない。自己のなかで蠢く身体や感情や欲求、そして価値感情、さらにヘーゲルの考えた理性が三つ巴、四つ巴になって自我が形成されてゆくのである。

ヘーゲルはカントの主観と客観の二元論を克服したといわれるが、僕には依然として二元論を脱しているようには思えない。やはり主観がいつも「言語を介して」世界と対峙している。つまり主観は根本的には理性で世界と対決していると言ってよいのだ。主観と客観が独自の弁証法的展開をするとしてもである。だから生命として共感能力を働かせるという人間の根元的局面が彼の弁証法から抜け落ちているのである。

ところがほんとうは、理性や言語が現れるはるか以前に共感の世界が生まれており、そして共感という対人関係が生まれるさらにそれ以前に、感覚の世界で「世界」(対象)も「主体」も形成され始めている。それは第3章のタオの議論で見た通りであるが、ヘーゲルの自我論の批判として、最後に感覚や共感が自我の形成にとってどれほど大きい働きを持っているか、その観点からもう一度感覚および共感の話をしたい。

(1) Hegel: Enzyklopädie, Ⅲ, S. 220(邦訳下、四八頁)。

15　触《さわ》ることは触《さわ》られること

すでにタオの議論でも見たように、感覚の世界でさえ、「世界」認識と自己認識は相互に媒介しあい、それぞれの認識はパラレルに生じてくるものである。例えば生き物の感覚器官はそれぞれ違った機能をもっているが、その働きに応じて彼等の対象は全く別の姿を現すはずだし、その時の自己認識もその感覚器官が世界から逆に受け取る自分自身への反応に応じて形成されてゆくものである。

蟻にとっての世界は蟻の感覚とともにそれに応じた世界がある。蝙蝠も人間と同じこの地球にいながら、彼等にとっての世界は人間にとっての世界と全く違うのである。人間も例えば、音波や電磁波に対する感知能力がいまと違っていれば、この世界は全く異なった様相を呈するに違いない。このことは主体の感覚のあり方とともに世界がそれに応じた姿を現すことを示している。

しかしこのことはまた、それぞれの感覚器官による世界のいわば分節化によって同時に自分自身が無定型なものから次第に分節化され、把握されていくことを意味している。触れることは同時に世界から触れられることを意味するのだ。触れることによって僕らは対象がどういうものであるかを知るが、同時に自分の肌が柔らかで傷つきやすいことを知る。もし人間の肌が鰐の肌のようであれば、この世界は別のものになるであろうし、それに応じて自分もまた別の姿で自覚されるであろう[1]。

そしてこの話は対人関係になるとさらに新たな展開が可能になる。他者の認識と自己の認識がまさに同じように感覚のレベルで驚くほどの根元的な認知をなしとげていることが分かってくる。それはまさに自己意識の形成に関わっていたはずのものである。しかもそれは理性が働く以前に起こっていることである。例えば市川浩のあげている例を借りれば、愛撫という行為がある。(2)

愛撫されることが、愛撫されることとして感じられるのは、それが同じ触覚の行為であっても、触《さわ》られる相手が通りがかりの木の枝ではないからである。言いかえると触《さわ》る相手が自分と異なる主体であり、そしてまた触《さわ》られる自分も一個の主体であることを前提している。この場合の主体は自分の身体そのものを自分として捉えた主体であるが、それをいま身体我と呼ぶとすれば、愛撫という行為が生ずるのは、それぞれに相手が自分の身体我を身体我として認知していることを知っており、しかもその相手という主体が自分に好意をもっていると信じたときである。さらに細かくみてゆけば、愛撫する側は、自分が相手にとってどのように受け取られるかということ、言うなれば対他的自己（相手にとっての自分を自分で想像した自分の像）をも意識しているし、その点は愛撫される側も同じであろう。どれが欠けても愛撫とはならない。理性の働く以前の感覚世界である愛撫という行為の中で、すでに複雑な自我形成が起こっているのである。それは自他ともに身体のみならずその心を自分自身として捉えるとともに、お互いに相手をそういう主体として捉え、しかもそういう身体我や心が相手に対してどう受け取られるのかという意識さえ持っている。このような関係は男女間のみならず、母子の最も早い段階から生じているとみてよい。そしてまたこのような自我形成の営みの背後には、生き物としての共感性が根源的に働いているとみなければならないだろう。

（１）下條信輔『《意識》とは何だろうか』（講談社現代新書）は、こういった局面についての新しい知見を、新たな総合的見地から位置づけている。
（２）市川浩『精神としての身体』講談社学術文庫、九四～九五頁。

16　「いざ、勝負！」

要するに、相手が物的世界であろうと人間であろうと、僕等の感覚は理性が働き出すまえに、さまざまな形で自我を形成していると見られるのである。しかもそのときの自我の形成プロセスは実は、世界の形成や他者の形成プロセスと別物ではなく、むしろ相互に媒介されていると考えられる。その意味でヘーゲルの「媒介」という発想法がここでも十分活かされていると見ることができる。しかしそれはヘーゲル自身の描いたような世界ではない。ヘーゲルの場合は、自我が形成される前にすでに「感覚的世界」ができ上がっており、こちらにもすでに知的な「意識」があって、「さあ、勝負！」とでもいうように両者の対応の中から世界認識や他者認識、ならびに自己認識が形成されていく。ここではやはり理性的に目覚めた主観と感覚によってすでに構築された客観が、一応でき上がったあとで弁証法が働きだすのである。そしてその弁証法の中で世界も自己も理性を本質とするものであることが明らかになってくるという構図になっている。

しかしながら実際には、はるかそれ以前から自我の形成は始まっていたのであり、それゆえまたそこには感覚、欲望、感情といったものが、自我の形成に根本的に関与していたと考えられるし、それがそうなら、理性が関与するとしても、自我の層としては最後になると考えられるのである。ヘーゲルの理性的「意識」は、感覚や感情が働く肉体そのものを自分から切り離して捉えている。それを人間の精神とは別のものとして捉え、そういったものに何ごとかを認識する能力を認めない。しかしながら感覚器官を含めて肉体は、いつも世界と対話しながら、世界を認識し、自己を認識し、他者を認識している。肉体は理性が生まれる前にすでに直観および共感能力をもつとともに記憶をもち、表象をもち、世界と自分に意味を与え続け、そこに自我というものの統覚が生まれていると見ていいのである。認識はそもそも身体的な関わりを除外しては成り立たない。物的認識にしろ、対人的な認識にしろそうである。だから市川浩の言うように「精神と身体は同一の現実に付けられた二つの名前にほかならない」とさえ言いうる。それらは人間の「具体的活動のある局面を抽象し、固定化することによって与えられた名前である」[1]と言ったほうがいい。それゆえにフロイトのような解釈が成り立つ余地が生じているし、あるいはその後のフッサールに端を発した現象学的なあるいは精神医学上の自我論が形成されるに至ったのである。

そういう経緯を考えると、自我がヘーゲルの言うように理性のみを本質的要素とするような形で透明化しつくされることはありえないと僕には思われる。もちろん透明になることもある。しかしあるとしてもそれが理性のみによるとも思えない。透明になるとすれば、理性だけでなく共感性も直観力も、すべてが何かに向けて集約されたときではあるまいか。感情や直感力が貧弱になれば理性の認識もまた痩せ衰えることは以前書いたと思う。そうだとすれば、透明になる入口は理性のみではない。感情の世界の深化と洗練が、そしてそれに伴う理性の洗練とともに透明度を限りなく増してくることもありうる。東洋の芸術家はそれを示してきたのではあるまいか。

（1）　市川浩『精神としての身体』講談社学術文庫、一九五頁。

17　ヘーゲルの二元論

ヘーゲルは精神の経験をあるがままに尋ねていこうとした。その経験を一つひとつたずねてゆけば、すべてが理性に集約されている姿が顕わになると信じていた。自己意識の三段階も最後に普遍的自己意識が生まれたなら、もう目の前に「理性」が出番を待っている。そう彼は信じて叙述を進めている。しかしほんとうに彼の言うように人間精神が展開しているのであろうか。ほんとうにすべてが理性から成り立ち、すべてが透明になるのであろうか。彼は自己意識が透明に成りゆくプロセスを描いたつもりだったが、現実のわれわれはのたうちまわっている。透明になるどころか、現代の人間はいままでの時代にも増して不透明になり、混濁してきているようにさえ思われる。このこと自身、おそらく彼の理性哲学に裏打ちされた歴史哲学に反する動きではあるまいか。

そもそも彼は自我を自己意識という言葉で分析している。自己意識全体を示す言葉としては自我という言葉を使い、これを光になぞらえているが、自我が生まれ展開していくプロセスを分析する段になると自己意識という言葉を使っている。多分それは彼の自我に対する姿勢を端的に示していたのである。僕等が通常自我と呼ぶものは、感情も意欲もすべて含んでいる。ドイツ語の自我である Ich という言葉もまたそうである。ところがこれを自己意識 Selbstbewusstsein という言葉で表現してしまうと、すでにそれは自我を観念的に表象した意識として捉えたことになってしまい、それは理性的意識としての自我になってしまうのである。Selbstbewusstsein というドイツ語は「自己を確信する存在」と言ってもいいし、あるいは「自覚」とも訳せる言葉だからである。それゆえ自我からは感情的、身体的要素が抜け落ちてしまう。だからまた彼はその観点を一貫させるために、自我の中に存在する欲望を理性的自我の運動の所産として位置づけてみたり、あるいは感情を実践的感情と呼んで、理性的認識のさきがけとしてのみこれを認めるというような操作をせざるをえなかったように思われるのである。

しかし考えてみれば僕等が自分というものを意識するのは、なんといっても僕等のこの身体の中に「こころ」と呼ばれる観念的実体が生まれて、その心の「思い」が自分の身体や感情によって阻止される経験をしたときであろう。それはヘーゲルの言う通りである。そうだとすればそのとき自我は分裂する。この「こころ」は、自分の身体や感情、欲望といったものを、自分から切り離して対象化する。対象化しても、もう一度それを自己自身として取り戻すならそれでいい。しかし「こころ」のほうから言えば、それは「他者」となる。「こころ」はあくまで「思い」の主体であり、したがって何ごとかをなそうとする主体であり、そしてまた判断主体でもあり、したがって「こころ」のほうが「わたし Ich」をはっきり自覚した張本人であるとすれば、まさにこのような理性的精神的自我こそが自我の核心であると自ら信じてしまう。そうであればこのような「自己意識」は、そのとき容易に対象化される自己の身体をその精神とは別ものとみなし、あるいは身体の機能でもある感覚や感情をも精神とは別のもの、つまり自己意識にとっては本質的でないものとみなす。実際自分の身体も感覚も感情も、「見る自分」としての「こころ」からすれば、容易に「対象化」されるとともに、意のままにならぬ「他者」のごとき様相を呈する。いや少なくとも「見る自分」にとって、それは文字通り「他者」にほかならない。そのとき精神と肉体の二元論が成立するのである。

だから二元論は僕等の経験に根ざしたある種の説得性をもっている。しかしそれだけではない。この二元論を後押しするものとしてヨーロッパではキリスト教が彼等の精神形成に大きな役割を果たしてきた。

キリスト教はさまざまな宗教の中でもとりわけ、自己の内面を問う宗教であったと思われる。それは救いの宗教であるのは当然だとしても、「裁き」の要素がきわめて強いインパクトをもつ宗教だった。マックス・ウェーバーが言うように、キリスト教の場合は人間と神とがはっきり断絶されて観念されており、人間は来るべき裁きに備えて、絶えず自己の内面を覗き込まされてきたと言ってもいい。その局面が典型的に強調されて出てきたのがピューリタニズムだと思う。しかしその要素はキリスト教そのものに本来備わっていたものであって、中世の神学の唯名論と実在論の驚くべき論争は、一つの言葉によって己が救われるかどうかを熾烈に問題にしていた。このような精神的風土は連綿と続いてきたもののように思われる。ヨーロッパ人が自意識過剰と思えるほど絶えず自我というものを問い続けさせられた背景がそこにあり、二元論が生まれ、ヘーゲルの理性主義や自己意識論が生まれた背景がそこにあったように思われるのである。

そこにもう一つつけ加えるとすれば、現代のヨーロッパ文明が、実際にはゲルマン民族の移動を起点として成立しているという事情がある。その歴史が、闘争的人間像の根底にあるように僕には思える。ヨーロッパの中世と呼ばれる時代は、決して「中世」ではなくて、現代ヨーロッパの古代にあたるものであって、そのとき彼等は六〇〇年間にわたって、混乱と闘争に明け暮れた。それはゲルマン民族の移動、スラヴ族の侵入、イスラム人の侵入、ノルマン人の侵入、マジャール人の侵入、これらの驚くべき混乱と闘争が四世紀から一〇世紀にかけて絶えることなく続いている。それはおそらく民族の幼児体験のように記憶されているに違いないのである。その後の歴史も日本の歴史と比ぶべくもない闘争、戦争の歴史である。彼等の個人主義とよばれる生き方もこの歴史と無縁のものではない。ここでこの辺の事情を詳しく述べることはできないが、ヨーロッパの歴史そのものが、ヘーゲルが言うように、人間の自由は生死を賭けた闘いによって初めて勝ち取られるものであり、自分を認めさせることは闘いだったのである。こういった歴史的背景があってヘーゲルの自我論が生まれているように思われる。

18　むすび

彼はこのようなキリスト教や民族移動の歴史に培われた精神的風土のなかにあって、理性的、闘争的人間像をいわば最も洗練された形で完成させたということもできるであろう。そこに見られる、透明でしかも決して揺らぐことのない自我像は、われわれ日本人にとって見事なまでに美しい姿を見せている。僕はその姿に感動した。少なくとも近代を共有するに至った日本人にとって、この社会を自分たちの手に取り戻すには、これだけの知性と覚悟をもたねばならないことを教えているようにも思える。いや僕自身、何度そのことに思いを馳せただろう。自分というもの、自我と呼びうるものを自分の中でどれほど確立しているのか、あまりに脆弱な自己を省みる思いを何度させられたかしれない。

それはそうなのだ。しかしながら、依然として彼の自我像は僕に疑問を呼び起こす。何よりも彼の理解では人間の姿が捉えられない。現実の人間は彼の言うようにはなっていない。それはこれまでいろんな形で述べてきた通りだ。人間はもっと不透明であり、あるいはもっと豊かであり、もっと自在でもありうる。そのことは近代の現象学やそれを受け継いだ哲学、あるいは精神医学が明らかにしつつある。そこに最近では脳医学が新たな視角を投げかけていると思う。脳のさまざまな部位の働きの解明やＤＮＡの解読は、感覚とか感情とか理性という言葉で哲学者が理解しようとしてきた働きに、全く新しい角度から光を与え、こういった心の働きが全く新しい座標軸で捉え直される日が来ることも考えられる時代になった。(1) われわれの精神と呼ばれるものは、ヘーゲルが考えていた時代に比べて、比較にならないほど知見を拡大しつつあると見てよい。僕にはそれをここで扱うだけの知識も見識もない。それをこれから僕自身、問い続けたいと思っている。

ただ今の僕としては、これまで僕を悩まし続けたヘーゲル哲学の、ある核心部分を自分にとって透明にすることはできたと思っている。透明化する歓びを感じ続けたのもまた事実だ。それで今は満足するほかはない。

（1） 最近読んだ本で、この点できわめて興味深かったものに以下のものがある。J. Z. Young: Philosophy And The Brain, Oxford Univ. Press（河内十郎・東條正城訳『哲学と脳』紀伊国屋書店）、J. C. Eccles: Evolution of the Brain, Routledge（伊藤正男訳『脳の進化』東京大学出版会）、R. Sperry: Science and Moral Prionity, Columbia Univ. Press（須田勇・足立千鶴子訳『融合する心と脳』誠信書房）、下條信輔『《意識》とは何だろうか』講談社現代新書。

あとがき

長い間の懸案だった。ヘーゲルを読み始めてもう一〇年を越している。メモのカードが驚くほどたまっていた。メモはどんどんたまっていくのに、掴めない。何か掴めない。そういうもどかしい思いを何年も続けたのだった。一度はついに怪物の喉に釣り針がしっかりかかったような思いがして、これからあとはゆっくり時間をかけて引き上げればよいと思ったこともあったが、知らぬ間に針が抜けてしまったこともあった。しかし今年になって、もうこの辺で思い切らないとこの怪物は逃げていってしまうのではないかと思い始めた。そう思ったとたんに僕はヘーゲルを書こうと思った。そしてこれまでの論文を書き直し始めて、これで書けるという実感が湧いてきた。それからは速かった。僕の予想に反して四カ月で書いてしまった。何度書き直したかしれないほど書き改めながらも、書きたいことがどんどん湧いてくる思いがした。

しかしヘーゲルはなんといっても怪物だ。一つの論点を扱っても、それはあちこちに繋がっている。いやどの点もすべてに繋がっていて、ある論点を解釈しようとすれば、際限もないことになるし、話を限るときは、ほんとうはあれもこれもあるけど、今はこのことだけ論じますと言わなければならない。そういう限定をするだけで、話がややこしくなってしまう。それでここではそういうことは極力避け、僕の解釈をできるだけ明快にすることに主眼をおいた。その意味では、もとになった論文はまだまだすっきりしていない文章や構成が残っていたし、ヘーゲルへの理解も不充分なところもあり、全体を見直して書き直せば書き直すほど、理解の不充分さも分かってきて、恥ずかしい思いがしている。その点では、この著作も一里塚にすぎないものだろう。

同じ意味で引用文も極力抑えた。実は彼の文章を解釈するとき、ほかの学者以上に彼の文章を引用したくなる。彼が分かってくればくるほど、彼の表現が実にうまくできていて、それを普通の表現で分かりやすく言い直そうとすれば、彼の言いたかった意味がずれてしまう。そういう風に感じられてくるのだ。しかしこの誘惑はくせもので、いったんそれを許すと、もう自分が考えているのではなくて、ヘーゲルに考えさせられてしまう。文章までヘーゲルもどきになって、まずいことになってしまう。それがヘーゲルをやるときの最大の落とし穴のようにも思われた。

それともう一つ気になることがある。僕としてはかなり思い切った批判をしてきたつもりだが、実は同じような批判がすでにいろいろ出ているかもしれない。そういう資料をほとんど見ていないため、同じような意見を出しておられる方には、先達への断りもしていないことに対してお許しを請わねばならない。要するに僕の横着のなせるわざで、その点は弁解の余地はないと思っている。

いろんな苦しい思いもしたが、僕としてはともかく一応のけりをつけることができて、「よくもこまで苦しめてくれたな！」という挨拶とともに、これでいったんはおさらばしたい。その思いをこめて「さらばヘーゲル」という題を選んだ。編集者が真っ先に思いついてくれた題だが、僕としては結構いろんな意味で気に入っている。

紙上を借りてお礼をいいたいのは同僚の独文学者の村田竜道氏である。氏にはヘーゲルの文章で分からない所が出てくるたびに、研究室のみならず電話でも教えを乞うた。わけが分からなくなって電話を入れると、いつも霧がはれるような思いにさせてもらった。氏には迷惑だったかもしれないが、僕には聞くこと自身が楽しみでもあった。改めて感謝の気持を述べたい。

最後になったが、編集者の谷口京延さんには長い間待たせてしまったが、やっと彼との約束を果たせた。これまで辛抱強く待っていただいたことと、スミス論に続いてこの本を出していただくことに改めて感謝の言葉を贈らせてほしい。

一九九九年一〇月三〇日

井上和雄

【著者略歴】
井上 和雄（いのうえ・かずお）

1939年，北海道生まれ。

神戸大学経済学部卒業。大阪府立大学経済学部講師を経て，現在神戸商船大学教授（経済学）。

著書に『ユーゴスラヴィアの市場社会主義』（大阪府立大学経済学叢書），『資本主義と人間らしさ』（日本経済評論社），『モーツァルト　心の軌跡』（サントリー学芸賞受賞），『ベートーヴェン　闘いの軌跡』，『ハイドン　ロマンの軌跡』（以上３冊，音楽之友社），『ロンドン音楽紀行』（神戸新聞総合出版センター），『鳴り響く思想――現代のベートーヴェン像』（共著，東京書籍）など。

現住所：大阪市阿倍野区帝塚山１丁目22番地１号

さらばヘーゲル

2000年２月20日　　第１刷発行　　　定価（本体2000円＋税）

著　者　　井　上　和　雄
発行者　　栗　原　哲　也

発行所　株式会社　日本経済評論社
〒101-0051　東京都千代田区神田神保町 3-2
電話 03-3230-1661　FAX 03-3265-2993
E-mail: nikkeihyo @ma4. justnet. ne. jp
URL: http://www. nikkeihyo. co. jp/
文昇堂印刷・美行製本
装幀＊渡辺美知子

乱丁落丁はお取替えいたします。　　Printed in Japan

ISBN4-8188-1193-9

井上和雄著

資本主義と人間らしさ
—アダム・スミスの場合—

四六版　二三〇〇円

資本主義はわれわれにとってどういう意味をもつか。資本主義と文明という文脈のなかで、アダム・スミスは「人間らしさ」ということをどのように考えていたか。

小林昇・杉山忠平著

西洋から西欧へ

四六版　一六〇〇円

経済学の背後に横たわる「思想史」へのアプローチに永年たずさわってきた碩学二人が、アカデミズムが見失って久しい知性を研ぎすまし、不毛の現代に問いかける。

A・J・エア著　篠原　久訳

ヒューム

四六版　二八〇〇円

伝統的重商主義を批判し、古典経済学への道を切り拓いた一八世紀イギリスの経済的自由主義の代表的思想家の人と時代と思想について。

J・ディンウィディ著　永井義雄・近藤加代子訳

ベンサム

四六版　二八〇〇円

功利主義の元祖ベンサムは、倫理学、法律学、政治理論、社会改革などの分野に大きな影響を与えた。ベンサムは面白くないという俗説を覆す。